課程發展與設計的
關鍵DNA：核心素養

蔡清田　著

五南圖書出版公司 印行

「核心素養」是課程發展與設計的關鍵DNA，是個體發展與社會發展的關鍵，有助於個體發展的自我實現與社會發展的凝聚團結，因此受到許多國際組織的重視。特別是「聯合國教育科學文化組織」、「歐洲聯盟」、「經濟合作與發展組織」等國際組織，十分重視「核心素養」的未來課程，以及特別是「經濟合作與發展組織」進行「素養的界定與選擇」（Definition and Selection of Competencies: Theoretical and Conceptual Foundations）之跨國際與跨學科領域研究，強調「核心素養」是培育能自我實現與社會健全發展的高素質國民與世界公民之基礎。然我國學界有關「核心素養」的理論探究，有如鳳毛麟角，並不多見，本書作者蔡清田教授的《課程發展與設計的關鍵DNA：核心素養》這本書內容包括「核心素養的特質」、「核心素養的選擇」、「核心素養的架構」、「核心素養的功能」、「核心素養的培育」，不僅有系統地建立「核心素養」的理論體系，可作為我國研發《十二年一貫課程體系指引》（K-12年級一貫課程體系指引）與《十二年一貫課程綱要》（K-12年級一貫課程綱要）之依據，更可作為提升我國國民的「核心素養」之參考。我很慶幸有機會先睹為快，因此不敢獨享，希望能與教育界同道共享，故特別為之言序，並加以推薦。

國立中正大學教育學研究所榮譽教授

黃光雄 於2012年7月

　　「核心素養」受到許多國際組織的重視，特別是「聯合國教育科學文化組織」、「歐洲聯盟」、「經濟合作與發展組織」等國際組織，近年來十分強調「核心素養」的未來課程。特別是「核心素養」是培育能自我實現與社會健全發展的高素質國民與世界公民之基礎。蔡清田教授曾經與我一起共同進行國家科學委員會所委託進行的《全方位的國民核心素養之教育研究》，後來蔡教授延續此項研究結果，擔任國家教育研究院推動《中小學課程相關之課程、教學、認知發展等學理基礎與理論趨向之研究》、《K-12中小學課程綱要之核心素養與各領域之連貫體系研究》以及《K-12一貫課程綱要各教育階段核心素養與各領域課程統整之研究》等整合型研究計畫主持人，他根據這些研究成果整理成為《課程發展與設計的關鍵DNA：核心素養》一書。這本書內容包括「核心素養的特質」、「核心素養的選擇」、「核心素養的架構」、「核心素養的功能」、「核心素養的培育」，不僅有系統地建立「核心素養」的理論構念體系，可作為我國未來研發《K-12年級一貫課程體系指引》與《K-12年級一貫課程綱要》之依據，更可作為培育我國國民的「核心素養」之重要參考，我非常樂見此書之出版，故特別加以推薦。

國立臺南大學講座教授

陳伯璋　於2012年7月

　　《課程發展與設計的關鍵DNA：核心素養》一書是作者繼《素養：課程改革的DNA》一書之後，一本有系統地探討「核心素養」的著作。「核心素養」是「經濟合作與發展組織」（OECD）進行「素養的界定與選擇」（Definition and Selection of Competencies: Theoretical and Conceptual Foundations，簡稱DeSeCo）之重要研究發現，更是其推動「國際學生評量計畫」（Programme on International Student Assessment, PISA）的理論依據。「核心素養」被指為課程發展與設計的關鍵DNA，是教育基因改造的核心，是個體發展與社會發展的關鍵，更是培育能自我實現與社會健全發展的高素質國民與世界公民之基礎，近年來受到「聯合國教育科學文化組織」（UNESCO）、「歐洲聯盟」（EU）、「經濟合作與發展組織」等國際組織與世界各國的重視。然我國國民在接受各級學校教育後，似並未具備現代國民所需「核心素養」，而且我國教育學界有關「核心素養」的理論探究，有如鳳毛麟角，不僅未能清楚界定「核心素養」的理論構念，也未能建立「核心素養」的理論構念體系。

　　作者根據參與國科會委託洪裕宏教授進行「界定與選擇國民核心素養：概念參考架構與理論基礎研究」，包括由胡志偉、郭建志、程景琳、陳修元、顧忠華、吳密察、黃東益、陳伯璋、張新仁、蔡清田、潘慧玲、高涌泉、陳竹亭、翁秉仁、黃榮棋、王道還、彭小妍、王瓊玲、戴景賢等研究團隊

之探究經驗：特別是與陳伯璋、張新仁、潘慧玲等前輩進行《全方位的國民核心素養之教育研究》之研究發現，及後來作者主持《中小學課程相關之課程、教學、認知發展等學理基礎與理論趨向之研究》與《K-12中小學課程綱要之核心素養與各領域之連貫體系研究》等整合型研究成果歸納爲《課程發展與設計的關鍵DNA：核心素養》一書。本書部分內容散見於各期刊，雖有部分名稱相似，但各章內容已由原每篇八千多字的期刊論文加以重新組織、擴充架構、改寫充實加入最新研究文獻與研究發現而成爲每章約兩萬字的內容，已不同於原發表的期刊論文。

特別是本書各章內容均已經修正並補充最新文獻而與先前發表期刊內容有所區隔，且本書有其系統性與整體性不同於單篇期刊內容，全書共約十萬字，其五章組織架構經過精心設計具有系統性邏輯體系，可謂「整體大於部分之和」，絕非單篇期刊論文所可比擬，讀者如能詳讀本書五章內容當有整體理解而豁然開朗，不致走馬看花片面解讀以偏蓋全之憾。本書旨在強調「核心素養」此種理論構念之重要性，進一步探究「核心素養的特質」、「核心素養的選擇」、「核心素養的架構」、「核心素養的功能」、「核心素養的培育」，建構「核心素養」的理論構念之體系，可作爲我國研發《十二年一貫課程體系指引》（K-12年級一貫課程體系指引）與《十二年一貫課程綱要》（K-12年級一貫課程綱要）之參考，做爲推動「十二年國民基本教育」之課程改革理據，期能有助於提升我國國民的「核心素養」。本書能如期問世，特別要感謝國立中正大學校長吳志揚教授、教學卓越計畫辦公室副校長郝鳳鳴教授、教務長黃伯農教授、學務長楊士隆教授的鼓勵與五南圖書出版公司陳念祖副總編輯協助方能順利出版，特此致謝。

國立中正大學教育學院課程研究所教授

蔡清田 謹於2012年7月

目　錄
Contents

■ 推薦序一（黃光雄）

■ 推薦序二（陳伯璋）

■ 自序

第一章　核心素養的特質 1

第二章　核心素養的選擇 49

第三章　核心素養的架構 81

第四章　核心素養的功能 121

第五章　核心素養的培育 149

參考文獻 179

索引 219

第**1**章

核心素養的特質

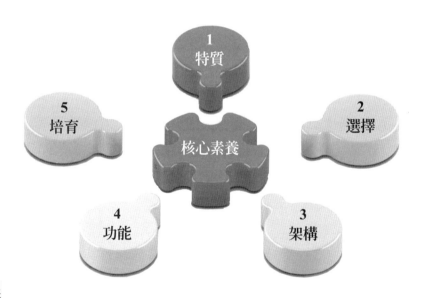

「素養」在教育領域當中是一個非常重要的理念（Audigier, 2000; Inglis & Aers, 2008; Jacobs, 2010; Piirto, 2011; Rychen & Salganik, 2003; Trilling & Fadel, 2009），以「素養」（competence或部分英美人士所稱之literacy）為核心的未來課程，近年來受到「聯合國教育科學文化組織」（簡稱「聯合國教科文組織」）（United Nations Educational, Scientific and Cultural Organization, UNESCO）、「歐洲聯盟」（簡稱「歐盟」）（European Union, EU）、「經濟合作與發展組織」（Organization for Economic Co-operation and Development, OECD）等國際組織與世界先進國家的重視（吳清山，2011；洪裕宏，2011；柯華葳，2011；陳伯璋，2010a；蔡清田，2010a; 2010b; 2010c; 2011a; 2011b）。特別是「聯合國教科文組織」、「歐盟」、「經濟合作與發展組織」及其會員國推動的課程改革普遍重視「核心素養」（core competencies，簡稱CC或key competencies，簡稱KC）所具備的「個人發展」與「社會發展」的關鍵功能（Audigier, 2000; Javidan, 1998；Rychen & Salganik, 2003; Trilling & Fadel, 2009），各國際組織會員國家十分強調「核心素養」，「核心素養」已被先進國家當成是課程發展與設計的關鍵DNA，也是課程改革的關鍵DNA，是教育基因改造的關鍵DNA，更是培養高素質國民與世界公民之重要關鍵（Rychen & Salganik, 2003; Halasz & Michel, 2011）。

「素養」（competence）一字源自於拉丁文cum（with）和petere（to aspire），是指伴隨著某件事或某個人的知識、能力與態度（Jager & Tittle, 1980），尤其是就「素養」的理論構念而言，「經濟合作與發展組織」進行「素養的界定與選擇」（Definition and Selection of Competencies: Theoretical and Conceptual Foundations，簡稱DeSeCo）專案所邀請參與研究的德國學者Weinert（2001）指出competence的拉

丁文字根可被理解成是「認知覺察」（cognizance）與「勇於負責」（responsibility），是以competence可被理解成具有認知覺察、履行義務的才能與勇於負責的態度，相當接近我國《辭海》的「平日之修養」、《漢書・李尋傳》的「馬不伏櫪，不可以趨道，士不素養，不可以重國」、宋朝陸游《上殿劄子》的「氣不素養，臨事惶遽」、以及元朝劉祁《歸潛志》的「士氣不可不素養……故一時士大夫，爭以敢說敢爲相尚」；「素養」包含態度情意的道德價值，指的是「優質」的修養，近乎傳統中國與華人社會所謂「成人之學」的修習涵養之東方教育素養（黃崑巖，2009），這也相當接近「知善行善」與「知惡去惡」的道德知能與行爲習性之道德情操（歐陽教，2012）。因此competence譯成「素養」頗爲適切（洪裕宏，2008；胡志偉、郭建志、程景琳、陳修元，2008；高涌泉、王道還、陳竹亭、翁秉仁、黃榮棋，2008；陳伯璋、張新仁、蔡清田、潘慧玲，2007；彭小妍、王璦玲、戴景賢，2008；顧忠華、吳密察、黃東益，2008；Wang, 2012）。

「素養」是指個人爲了健全發展，並發展成爲一個健全個體，必須因應社會之複雜生活情境需求，所不可欠缺的知識（knowledge）、能力（ability）、態度（attitude）（陳伯璋，2010a；蔡清田，2010a; 2011a; 2011b; Wang, 2012）。「素養」不只包涵知識，不只包涵能力，是包含「知識」、「能力」與「態度」的統整，更強調以國民作爲終身學習者的主體，是在知識與能力基礎之上，加以擴展進化升級轉型成爲未來社會生活世界所需之「素養」；而且「素養」和「學習及競爭力」（Learning to Compete）有著密切關係，「素養」是包含「知識」、「能力」與「態度」等認知、技能、情意的教育要素之修養，特別是指可以經過課程發展設計與教學引導及學習獲得的優良素質涵養之綜合狀

態，簡稱為「素養」（蔡清田，2011a，2011b，2011c，2011d，2011e，2011f，2011g），這種認知、技能、情意的情操如能情理並重，或通情達理，就是善良優質的人品特質（歐陽教，2012）。可作為優良素質的「優質」（good quality）指標，作為建構「優質社會」、「優質教育」、「優質學校」、「優質課程」、「優質教學」、「優質學習」與培育「優質國民」、「優質個人」、「優質教師」、「優質學生」之指標。

　　特別是「核心素養」（core competencies，簡稱CC或key competencies，簡稱KC）（Audigier, 2000; Javidan, 1998；Rychen & Salganik, 2003; Trilling & Fadel, 2009），是「經濟合作與發展組織」進行「素養的界定與選擇」之重要研究發現，更是其推動「國際學生評量計畫」（Programme on International Student Assessment, PISA）的理論依據（OECD, 2005a; 2005b），而且「經濟合作與發展組織」透過「國際學生評量計畫」，評量了全球六十八個國家地區（涵蓋了歐盟以及九成的世界重要經濟體與聯合國主要會員國家）十五歲青少年的閱讀素養、數學素養與科學素養時，將學生當成是解決問題的行動者，學生要應用既有的知識經驗與技巧能力，去面對一個新的問題情境，去解決一個尚未真正遇到的問題，並嘗試加以解決，強調十五歲國民必須發展系統思考與解決問題等「核心素養」，才能做好現代公民的準備。因此，世界先進國家在制訂教育政策與課程改革方案時，通常都會參考「國際學生評量計畫」作為課程發展與設計的重要依據。

　　是以「核心素養」被「聯合國教科文組織」、「歐盟」、「經濟合作與發展組織」等國際組織與世界先進國家當成是課程發展與設計的關鍵DNA，也是課程改革的關鍵，是教育基因改造的核心，是「個人發展」與「社會發展」的關鍵，更是培育能自我實現與社會健全發展的高

素質國民與世界公民之重要基礎（蔡清田，2011a），是二十一世紀多變複雜世界中相當關鍵的教育內涵與課程改革要素（Jacobs, 2010），甚至被當成是課程發展與設計的關鍵DNA（Halasz & Michel, 2011）。因此「以素養為本的課程」（competence-based curriculum），特別是以素養為核心的未來課程（Rothwell & Graber, 2010），有助於「個人發展」的自我實現與「社會發展」的凝聚團結，受到許多國際組織與英、美、加、法、德、紐、澳、日、韓、新等世界先進國家的重視（安彥忠彥，2009；江宜樺，2006；沈姍姍，2010；林煥祥、劉盛忠、林素微、李暉，2008；柯華葳、戴浩一、曾玉村、曾淑賢、劉子鍵、辜玉旻、周育如，2010；洪裕宏，2008；胡志偉、郭建志、程景琳、陳修元，2008；高涌泉、王道還、陳竹亭、翁秉仁、黃榮棋，2008；陳伯璋、張新仁、蔡清田、潘慧玲，2007；陳伯璋，2010a；彭小妍、王瑷玲、戴景賢，2008；蔡清田，2011a；蔡清田、陳延興、吳明烈、盧美貴、陳聖謨、方德隆、林永豐，2011；薛人華，2011；顧忠華、吳密察、黃東益，2008；Beane, 1995; European Commission, 2005a; Jacobs, 2010; OECD, 2005a; Pinar, 2011; Rychen & Salganik, 2003; Tsolidis, 2011; UNESCO, 2004a; Young, 2011）。

教育是開啟人類潛能和培育人才的園地，因此透過課程發展與設計以培育學生「核心素養」，提升學生未來適應力，實屬重要的教育課題（吳清山，2011）。一方面，「核心素養」可以協助個人獲得「優質生活」（good life）（蔡清田，2011b）；另一方面，「核心素養」可以協助人類因應當前「資訊社會」（information society）及未來「優質社會」（good society）的各種社會場域生活之挑戰（Canto-Sperber & Dupuy, 2001; Rychen & Salganik, 2003）；在此同時，「核心素養」更是一種關鍵而重要且有待深入探究的理論構念，而且「核心

素養」的教育議題探究，愈來愈受到重視（洪裕宏，2011；陳伯璋，2010b）。例如：Audigier（2000）便提出「民主公民教育的基本概念和核心素養」（Basic Concepts and Core Competencies for Education for Democratic Citizenship）一文，強調「核心素養」在教育中的重要性，「核心素養」受到許多國際組織的重視，特別是「經濟合作與發展組織」曾經從1997年開始至2005年提出總結報告為止（OECD, 2005a; 2005b），進行為期將近九年「素養的界定與選擇」之跨國際與跨學科領域研究（OECD, 2005a; 2005b; Rychen & Salganik, 2003），全面探討「核心素養」之界定與選擇所依據的理論及理念架構，並明確指出「素養」涉及「知識」、「能力」與「態度」之統整，而不只是「知能」（literacy）所涉及的學科知識及基本能力之範疇，尚包括個人與社會生活情境互動所需展現出來的「優質」態度情意價值（蔡清田，2011b）。是以本書稍後各章將在此基礎之上，進一步論述「核心素養」的特質、選擇、架構、功能與培育。

　　此處值得特別注意的是，就意義的界定而言，「素養」是個人與內外情境互動，尤其是與外界進行合理而有效的溝通或互動所需具備的條件（張一蕃，1997; Inglis & Aers, 2008），「素養」包含「知識」、「能力」與「態度」等認知、技能、情意的教育要素之修養，隱含了道德和價值的理念，是指「好」的修養與優良素質涵養之「優質」狀態，而且並非所有人皆是生而「知」之，也非生而「能」之，大多數人必須經過教育的引導而學習獲得素養，合乎教育目標的認知、技能與情意價值之規範（蔡清田，2011a，2011b，2011c，2011d，2011e，2011f，2011g）；嚴謹而言，部分學者將英文literacy一詞譯作素養，並不妥切，literacy若譯為「知能」或「識能」（識讀能力），似乎較能表現其涵義（謝清俊、尹建中、李英明、張一蕃、瞿海源、羅曉南、謝瀛

春，1997）。「知能」的狹義意涵是指讀和寫的知識與能力，而廣義意涵則包含了一個人受教狀況以及一般知識（general knowledge）與基本能力（basic skills）或共通能力（common abilities），或可勉強稱之為「基本素養」，但都沒有牽涉到情意層面（affective domain）的道德價值（moral values），無所謂好壞或善惡，和中文的「素養」一詞，是有差距，如表1-1素養（competence）與知能（literacy）之比較表所示：

表1-1　素養（competence）與知能（literacy）之比較表

名稱	界定	要義	內涵	功能	實例
素養 （compe-tence）	「素養」是個人與內外情境進行合理而有效的溝通或互動所需的知識、能力、以及態度，隱含道德價值是指好的修養與「優質」狀態，合乎教育目標的認知、技能與情意價值。	「素養」是指因應「優質社會」的「優質生活」所需之素養，重視個體的知識、能力與態度之統整，特別強調因應「優質社會」的「優質生活」所需的「核心素養」的重要性。	「素養」是在知能之上加上態度，內涵泛指個體展現出合理有效因應生活情境所需的知識、能力與態度，不只是「知能」所涉及的學科知識及基本能力，尚包括個人與社會生活情境互動所需展現來的「優質」情意態度而且素養是可教、可學的，特別是可以經過學校教育的課程設計、教學引導、學習獲得之優良素質涵養之優質狀態。	「素養」較強調重要而關鍵的核心素養，兼具「個人功能」與「社會功能」，能有助於個人成功追求生活目標與有效參與社會生活，個人得以積極參與政治、經濟、社會、科技、文學與藝術、休閒等各種社會場域的活動，成功地回應生活情境下的複雜需求，特別是因應當前新經濟時代資訊社會網路世代的複雜生活所需要。	語文素養、數學素養、科學素養等學科素養及人文素養、民主素養、資訊素養、媒體素養、法律素養、國際素養、多元文化素養、環境生態素養、能自律自主行動、能與社會互動、能使用工具溝通。

（續下表）

名稱	界定	要義	內涵	功能	實例
知能（Literacy）	「知能」狹義是指讀寫的知識與能力，廣義包含了一個人受教狀況及一般知識與基本能力或共通技能或可勉強稱「基本素養」，但未牽涉到情意層面的道德價值，和「素養」一詞有差距。	「知能」是指因應「基本生活」所需之「基本的知能」或基本的學科知能或勉強稱之為「基本素養」，例如語文、數學、科學等基本學科的知識與能力，但未涉及態度情意價值。	第一類「知能」為狹義之傳統的知能，包括聽、說、讀、寫、算和辨識記號的基本能力，特別是指語文的聽說、數字、閱讀與寫作等基本知能；第二類為廣義之功能性的知能，指個人為經營家庭和社會生活及從事經濟活動所需的基本知能。	「知能」較重視知識與能力，以滿足個人「基本生活」所需要之基本的知能，較偏向個人相關的基本知能，可透過基本的讀、寫、算等知能，解決個人日常生活、學習、職場等基本生活及工作場域的問題。	「知能」如掃盲所需識字「基本的知能」，語文的聽、說、讀、寫等「基本的知能」、「讀寫算傳統三R」、數學與科學的閱讀理解與演算寫作等基本的學科知識能力。

　　就其要義而言，「知能」是指因應「基本生活」所需之「基本知能」或「基本的學科知能」，個人為適應社會生活所需具備的「知能」也有所不同，但可以將其概分為兩類：第一類為狹義意涵之傳統知能（conventional literacy），包括了聽、說、讀、寫、算和辨識記號的基本能力，例如語文、數學、科學等基本學科的知識與能力，特別是指語文的聽說、識字、閱讀與寫作等「基本知能」，通常並未涉及態度情意價值；第二類為廣義意涵之功能性的知能（functional literacy），意指

個人為經營家庭和社會生活及從事經濟活動所需的基本知能，可定義為一個群體為其成員能達到其自我設定的目標而所需的基本知能；換言之，個人為了適應社會生活，必須與外界作有效的溝通與互動，為此所需具備的基本知識與能力，就是「知能」的涵義。如果進一步希望這些溝通與互動的過程是合理的、效果是正向的，亦即加入一些價值成分考量，則可由「知能」提升到「素養」（謝清俊、尹建中、李英明、張一蕃、瞿海源、羅曉南、謝瀛春，1997）。

就「素養」的要義而言，「素養」特別是指因應「優質社會」的「優質生活」所需之核心素養，重視個體的知識、能力與態度之統整，不只是「知能」所涉及的學科知識及基本能力，尚包括個人與社會生活情境互動所需展現來的「優質」態度情意；「素養」的內涵是在「知能」之上加上態度，內涵泛指個體展現出合理有效因應生活情境所需的知識、能力與態度，而且素養是可教、可學的，特別是可以經過學校教育的課程發展與設計、教學引導、學習獲得之優良素質涵養之「優質」狀態，可以透過學校教育培育國民獲得「核心素養」成為「優質國民」，以因應「優質社會」的「優質生活」之所需。

就素養的功能而言，素養兼具「個人功能」與「社會功能」，能有助於個人追求生活目標與有效參與社會生活，個人得以積極參與政治、經濟、社會、科技、文學與藝術、休閒等各種社會場域的活動，成功地回應生活情境下的複雜需求，特別是因應當前新經濟時代資訊社會網路世代的複雜生活所需要。由於「素養」兼具個人功能與社會功能價值，因此受到許多國際組織與世界先進國家的重視，特別重視「核心素養」，更強調其可以涵蓋「基本能力」（basic skills）、「基本知能」（basic literacy）、「關鍵能力」（key skills）或「核心能力」（core skills）之範疇（OECD, 2005b; Trilling & Fadel, 2009）。

　　就其屬性而言，個人基本生活所需要之基本的知能，較偏向個人相關的基本知能，例如掃盲所需識字「基本的知能」，語文的聽、說、讀、寫等「基本的知能」，「讀寫算傳統三R」、數學與科學的閱讀理解與演算寫作等基本的學科知識能力；「優質社會」的「優質生活」所需的素養，較強調重要而關鍵的核心素養，因為核心素養兼重個人功能與社會功能，例如：語文素養、數學素養、科學素養、人文素養、民主素養、資訊素養、媒體素養、法律素養、國際素養、多元文化素養、環境生態素養、能自律自主行動、能與社會互動、能使用工具溝通等；這是為什麼以「素養」為核心的未來課程，特別是「核心素養」會受到許多「聯合國教科文組織」、「歐盟」、「經濟合作與發展組織」等國際組織與東西方先進國家重視的原因之一。

　　然而，我國國民在接受各級學校教育以後，似乎並未具備現代國民所需要的「核心素養」，而且我國教育學界有關「核心素養」的理論探究，也有如鳳毛麟角，並不多見，不僅未能清楚界定「核心素養」的理論構念，也未能建立「核心素養」的理論構念之體系。是以我國教育學界有必要積極深入研究，進一步探討未來國民所需要的「素養」與「核心素養」（蔡清田，2011a）；這特別是呼應了陳伯璋教授（2010a; 2010b; 2010c）所建議的未來可以針對我國十八歲以下國民，進行全方位的國民核心素養之研究，並建構其與臺灣中小學課程發展之關係。

　　作者曾在《素養：課程改革的DNA》一書初步探討「素養」的理念、意涵、本質、模式、理據（蔡清田，2011b），本書《課程發展與設計的關鍵DNA：核心素養》便是在此基礎之上，進一步探究「核心素養」的特質、選擇、架構、功能、培育，嘗試建構「核心素養」的理論體系，可作為我國實施「十二年國民基本教育」（教育部，2011:51），「建置中小學課程連貫與統整」之配套子計畫及其具體方

案如「建置十二年一貫課程體系方案」等課程改革之參考，甚至可作為未來研發《十二年一貫課程體系指引》（K-12年級一貫課程體系指引）與《十二年一貫課程綱要》（K-12年級一貫課程綱要）之理論基礎，更可作為提升我國國民的「核心素養」之實踐參考。這不僅回應了教育在二十一世紀所要扮演的對社會做出個人的貢獻、實現個人天分、實現公民責任、傳承傳統與價值觀等目標功能（Audigier, 2000; Jacobs, 2010; Piirto, 2011; Trilling & Fadel, 2009），也更進一步呼應了《臺灣變遷趨勢對K-12課程的影響》所指出「在具有全球化知識視野下，提升未來國民之基本素養」之重要性（張茂桂、董秀蘭、王業立、黃美筠、陳婉琪、杜文苓，2011）。

　　值得注意的是，「聯合國教育科學文化組織」、「歐洲聯盟」、「經濟合作與發展組織」等等國際組織所通稱的core competencies or key competencies，在國內或譯為「核心素養」、「基本素養」、「基本能力」、「關鍵能力」或「核心能力」等，譯法雖不同卻具有相似意涵（吳清山，2011；洪裕宏，2011；陳伯璋，2010b）。本文延續我國行政院國家科學委員會進行「界定與選擇國民核心素養：概念參考架構與理論基礎研究」、「能教學之適文化國民核心素養研究」、「國民自然科學素養研究」、「全方位的國民核心素養之教育研究」、「人文素養研究」、「我國國民歷史、文化及社會核心素養之研究」等前輩的研究專案成果（洪裕宏，2008；胡志偉、郭建志、程景琳、陳修元，2008；高涌泉、王道還、陳竹亭、翁秉仁、黃榮棋，2008；陳伯璋、張新仁、蔡清田、潘慧玲，2007；彭小妍、王璦玲、戴景賢，2008；顧忠華、吳密察、黃東益，2008），採用「核心素養」一詞，以彰顯「素養」的核心地位，並以「素養」同時涵蓋知識、能力與態度，一方面可避免常給人誤認能力相對於知識且容易忽略態度情意之偏失，另一

方面並可強調知識、能力與態度統整之「核心素養」的理論構念（蔡清田，2011b）。

「核心素養」指涉到每一個人都需要的必要素養，是完成個人之自我實現與發展主動積極的公民、社會參與以及溝通互動所需的重要素養，而且「核心素養」此一理論構念，涵蓋「基本能力」與「核心能力」的意涵，卻又超越其範疇而且可以彌補其在態度、情意、價值等層面的不足之處（蔡清田，2011c），因此，後來「聯合國教育科學文化組織」、「歐盟」、「經濟合作與發展組織」等國際組織，均以「核心素養」取代「基本能力」與「核心能力」的用詞，以說明每一個自律自主的個人在完成個人自我實現、扮演積極主動的公民、社會參與以及互動靈活地運用工具溝通所需的素養（劉蔚之、彭森明，2008；Rychen & Salganik, 2001）。

這種「核心素養」的理論構念，可以涵蓋我國大學評鑑所稱之「基本素養」/「核心能力」，亦可涵蓋我國中小學課程綱要的「基本能力」、「關鍵能力」，中小學課程一貫體系參考指引的「一般能力」、「領域（學科）能力」、「核心學科能力」，職業學校課程綱要的「群科能力」、「群核心能力」、「科專業能力」，後期中等教育共同核心課程的「共同基本素養」等用詞，「核心素養」不只可以涵蓋上述用詞的範圍，更可以彌補上述詞在態度、情意、價值等層面的不足之處；而且「核心素養」也是高中課程綱要的各領域學科「核心能力」的重要基礎，更是高職課程綱要各「群科能力」、「群核心能力」、「科專業能力」之重要基礎。

本書稍後將進一步指出「核心素養」的特質與核心的（core）價值，特別是「核心素養」是指「核心的」素養，因此稱為「核心素養」或「核心的素養」，不僅是「共同的素養」（common competencies），而且「核心素養」更具有「關鍵的」（key）、「必要的」（necessary）、「重要的」（important）等「核心的」價值，因此稱為「核心的素養」，是個人獲得成功生活與社會健全發展的「關鍵的素養」（key competencies or critical competencies）、「必要的素養」（necessary competencies）、「重要的素養」（important competencies）（蔡清田，2011b）。

「核心素養」代表社會中所有個人成員應普遍達到共同的層次，「核心」代表應該達成層次的最低共同要求，具有共同特質，是每一位社會成員都必須學習獲得與不可或缺的核心而關鍵且必要的重要素養。一個人終其一生一定需要許許多多的素養，以因應各種社會領域生活之所需，「核心素養」指那些所有社會成員都應共同具備的素養，而且這些所有社會成員都應該共同具備的素養，可以再區分為比較「關鍵的」、「必要的」、「重要的」而且居於最核心地位的素養，以及由居於最核心地位的素養所延伸出來的其他相關素養，這些居於最核心地位的素養稱為「核心素養」（蔡清田，2011d），而且「核心素養」也是高中課程綱要的各領域專門學科的核心能力之重要基礎，也是高職課程綱要各「群科能力」、「群核心能力」、「科專業能力」等專門職業與特定行業就業所需的專門素養之重要基礎，本書稍後會在「核心素養的選擇」專章加以說明。

本書的目的，旨在強調「核心素養」此種有待探究的理論構念之重要性，闡明我國宜積極進一步深入研究，探討未來國民所需要的「核心素養」。特別是，宜進一步釐清「核心素養的特質」、「核心素養的選擇」、「核心素養的架構」、「核心素養的功能」、「核心素養的培育」，進而論述「核心素養」之特質、選擇、架構、功能、培育等理論構念之體系。本書從課程學理研究面向切入，有系統地探究臺灣國民

需要何種「核心素養」理論構念之體系圖像，以回應我國國家教育研究院「國民中小學課程綱要雛型擬議之前導研究」之「國民中小學課程綱要系統圖像之研究」，強調整體與部分、系統與環境之間的辯證或複雜關聯性，以有機連結的方式呈現其「整體特質」（holistic charac-ter），不只合乎後現代理論的基本立場（馮朝霖、范信賢、白亦方，2011），更可藉此共同努力建構未來理想的臺灣社會。

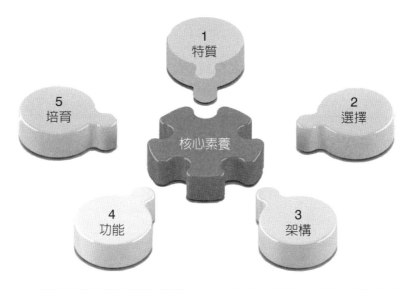

圖1-1　《課程發展與設計的關鍵DNA：核心素養》一書的「核心素養」理論構念之體系圖像

　　因此，本書作者野人獻曝，嘗試進行「核心素養」之初步探究，並就核心素養此一理論構念之「核心素養的特質」、「核心素養的選擇」、「核心素養的架構」、「核心素養的功能」、「核心素養的培育」等分章分項如下圖1-2《課程發展與設計的關鍵DNA：核心素養》一書的各章組織結構系統圖像加以論述說明。

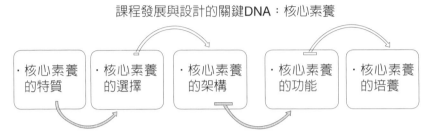

圖1-2　本書各章組織結構系統圖像

　　上圖1-2《課程發展與設計的關鍵DNA：核心素養》一書的各章組織結構系統圖像，說明了「物有本末，事有終始」的核心素養學理邏輯與組織結構關係，闡明了核心素養的特質、選擇、架構、功能、培育的先後順序及其間的轉化關係，簡而言之，先探究核心素養的特質，再轉化成為核心素養的選擇；先探究核心素養的選擇，再轉化成為核心素養的架構；先探究核心素養的架構，再轉化成為核心素養的功能；先探究核心素養的功能，再轉化成為核心素養的培育。

　　這也彰顯了本書主要的研究目的共有五項，首先分析「核心素養的特質」、「核心素養的選擇」、「核心素養的架構」、「核心素養的功能」；最後提出「核心素養的培育」。換言之，本書旨在探究「核心素養的特質」、「核心素養的選擇」、「核心素養的架構」、「核心素養的功能」、「核心素養的培育」等進一步論述核心素養之特質、選擇、架構、功能、培育等理論構念之連貫體系。

　　根據上述研究目的，本研究之具體研究問題包括：一、探究核心素養具備何種特質？二、如何進行核心素養的選擇？三、如何規劃核心素養的架構？四、如何達成核心素養的功能？五、最後則在於探討如何進行核心素養的培育？茲就上述研究問題以及可能之解答，摘要整理如表

1-2《課程發展與設計的關鍵DNA：核心素養》一書的各章組織結構系統圖像摘要說明表。

表1-2　《課程發展與設計的關鍵DNA：核心素養》一書的各章組織結構系統圖像摘要表

篇章架構	摘要說明
第一章核心素養的特質	核心素養具備多元面向、多元場域、多元功能、高階複雜、長期培育等「三多元一高一長」等五項特質。
第二章核心素養的選擇	核心素養的選擇具有「關鍵的、必要的、重要的」三個核心價值條件，且核心素養最好「質精量少」。
第三章核心素養的架構	核心素養的三維論架構範疇分別是「能自律自主地行動」、「能互動地使用工具溝通」，與「能在異質社群中進行互動」。
第四章核心素養的功能	核心素養具有「個人發展」以及「社會發展」等雙重功能；核心素養不僅有助於個人開展潛能，且可產生經濟與社會效益，並可培養國民的終身學習、社會公民責任等各種社會核心價值，可以作為「教育目標的重要來源」；並可從「成功的個人生活」及「功能健全的社會」來看待核心素養的功能，其教育功能便在培育「優質」的國民核心素養。
第五章核心素養的培育	核心素養的培育與個人所處的生活環境脈絡情境有著整體的密切關係，可以透過教育的建構，進行課程規劃、設計、實施、評量，培養並檢核核心素養。

　　具體言之，核心素養此一理論構念，可就「核心素養的特質」、「核心素養的選擇」、「核心素養的架構」、「核心素養的功能」、「核心素養的培育」等分章分項加以闡述說明。特別是，本章「核心素養的特質」如下圖1-3「核心素養的特質」在《課程發展與設計的關鍵DNA：核心素養》一書中的組織結構系統圖像所示，旨在論述核心素

養的多元面向、多元功能、多元場域、高階複雜、長期培育等「三多元一高一長」等各種特質，而且「核心素養的特質」及其所進一步衍生的「核心素養的選擇」、「核心素養的架構」、「核心素養的功能」、「核心素養的培育」等關係十分密切，如同人體構造要素之關鍵DNA組織縝密且環環相扣而結構嚴謹，特別是對於課程發展與設計的「核心素養的培育」，有著重要的影響。具體言之，「核心素養的特質」，對於本章之後接下來的後續數章所要論述之「核心素養的選擇」、「核心素養的架構」、「核心素養的功能」、「核心素養的培育」，有著重要的影響，值得特別關注與闡明，其重要性如下所論述。

圖1-3　「核心素養的特質」在本書中的組織結構系統圖像

首先，就「核心素養的特質」而言，「核心素養」是課程發展與設計的關鍵DNA，更是個人發展與社會發展的核心而關鍵的要素，

「核心素養」具備「多元面向」（multidimensional）、「多元場域」
（multi fields）、「多元功能」（multifunctional）、「高階複雜」
（higher order of complexity）、「長期培育」（long period educa-
tion）等「三多元一高一長」等五項特質。核心素養乃是一系列多元面
向組合的綜合「整體」，每項核心素養均涵蓋知識、能力與態度層面，
核心素養同時具備促進個人實現與社會發展之多元功能，核心素養具有
跨越各種社會場域（transversal across social fields）與學習領域（lear-
ing areas）之廣度，核心素養牽涉到反省思考的高階心智及複雜行動學
習的「高階複雜」（refer to a higher order of mental complexity）之深
度，核心素養必須透過不同階段的長期培育（duifferent stages of long
period education）等等特質（Rothwell & Graber, 2010）。

　　其次，就「核心素養的選擇」而言，「核心素養」是指「核心的素
養」（core competencies），是「核心的」（core）素養，不僅是「共
同的素養」，更具有「關鍵的」、「必要的」、「重要的」等「核心
的」價值，是「關鍵的素養」、「必要的素養」、「重要的素養」。因
此，「核心素養」又稱「關鍵素養」、「必要素養」、「重要素養」，
「核心素養」是所有每一個個人獲得成功生活與功能健全社會所必須具
備而不可欠缺的「關鍵素養」、「必要素養」、「重要素養」，必須具
有「關鍵的、必要的、重要的」三個核心價值條件，而且核心素養最好
「質精量少」，方能合乎「關鍵的、必要的、重要的」三個核心價值條
件；因此，可以透過文獻參考國內外核心素養之相關研究及學者專家意
見，並考慮我國社會需求場域，透過邀集社會賢達及學者專家與相關教
育人員，舉辦焦點座談廣徵各界意見與尋求共識，再進行正式問卷調
查，或採用更嚴謹的「德懷術」研究方法匯集各方資料加以整理歸納，
建立我國國民核心素養之架構與內容，以選擇我國國民核心素養，區分

一般素養與較居於核心地位的「關鍵素養」、「必要素養」、「重要素養」等生活所必須具備的核心素養，進行「核心素養」之界定與選擇，作為規劃各教育階段課程內容的參考，以做為政府相關單位進行國民核心素養培育之參考。

再次，就「核心素養的架構」而言，「經濟合作與發展組織」進行「素養的界定與選擇」專案所建構之核心素養「三維論」的架構範疇分別是「能自律自主地行動」（acting autonomously）、「能在異質社群中進行互動」（interacting in socially heterogeneous groups）、與「能互動地使用工具溝通」（using tools interactively），我國國家科學委員會委託洪裕宏（2008）及其研究團隊從事「界定與選擇國民核心素養：概念參考架構與理論基礎研究」也大致採用此一架構。

第四，就「核心素養的功能」而言，「核心素養」具有「個人發展」自我實現以及「社會發展」等雙重功能；核心素養不僅有助於個人開展潛能，且可產生經濟與社會效益，並可培養國民的終身學習、社會公民責任等各種社會核心價值，可以作為「教育目標的重要來源」；並可從「成功的個人生活」及「功能健全的社會」來看待核心素養的功能，其教育功能便在培育「優質」的國民核心素養。換言之，一方面從有助個人發展的功能觀點出發，核心素養的功能可以協助個人獲得優質生活與成功的人生，而且另一方面，更進一步地，從社會發展的功能觀點出發，可以培育健全公民，增進社會福祉，建立功能健全的社會，促成社會經濟繁榮、政治民主、尊重人權與世界和平、生態永續發展等人類理想願景價值之實現。

第五，就「核心素養的培育」而言，核心素養的培育與個人所處的生活環境脈絡情境有著整體的密切關係，可以透過教育的建構，進行課程規劃、設計、實施、評量，培養並檢核核心素養；一方面可以超越知

識和能力，導正過去重知識、重能力、忽略態度之教育偏失；二方面可以透過課程規劃以核心素養為主的課程、教學、學習與評量；三方面可以進行核心素養為主的中小學課程垂直連貫與水平統整。

　　本書依據我國國家科學委員會委託洪裕宏（2008）及其研究團隊從事「界定與選擇國民核心素養：概念參考架構與理論基礎研究」及該研究計畫之推動委員會建議，並參考西方世界的「經濟發展與合作組織」之「素養的界定與選擇」（Definition and Selection of Competencies: Theoretical and Conceptual Foundations，簡稱DeSeCo）的專案研究用詞（OECD, 2005a; 2005b; Rychen & Salganik, 2003），將「competence」理解為「素養」，將「key competencies」理解為「核心素養」，以便與西方世界的「經濟發展與合作組織」之「素養的界定與選擇」專案研究及多數學術研究成果接軌。特別是「界定與選擇國民核心素養：概念參考架構與理論基礎研究」其子計畫三，從教育研究的視野，將素養界定為因應全球化與在地化、學校內與學校外的環境變遷、過去、現在與未來社會所需要的「全方位的」國民核心素養（陳伯璋、張新仁、蔡清田、潘慧玲，2007）；子計畫五，從人文素養研究的視野，對「素養」界定為「在培養一個人成為一個獨立的個人的過程中，所建立的作為其人格發展的基礎」，這個人格發展的基礎預設一組可發展或學習的素養，並將「素養」放置在人性問題與整體人類文明之演化歷程架構下來看（彭小妍、王璦玲、戴景賢，2008）。

　　如此這樣的一種研究角度可能是我國與西方世界的「經濟發展與合作組織」之「素養的界定與選擇」專案研究的最大差異之處（洪裕宏，2008）。這是起因於西方世界是一個成熟的現代社會，它所面對的是一個現代進入到後現代的時期，所以西方世界的「素養」之理論構念，與臺灣的「素養」之理論構念，所關注的重點會有所不同，特別是我國

的「素養」之理論構念，較能展現出東方哲學思想的色彩，更強調人性問題與人類文明之精神或內在層次內隱表現水準的內涵價值之提升，而顯得更爲深邃與宏觀，作者將進一步在以下各章加以闡述說明。

本章「核心素養的特質」，這是建立在作者2011年專書《素養：課程改革的DNA》之「素養的理據」與「素養的模式」等理論基礎之上（蔡清田，2011b），並進一步就作者發表於《教育研究月刊》〈課程改革中的核心素養之特質〉一文加以調整更新修正補充最新資料文獻，由於本書有其系統性、銜接性與整體性，不同於單篇之期刊內容，因此本章與先前發表的期刊文章內容已經有所區隔，特別是本章旨在論述核心素養的理論構念之特質，亦即素養與個人所處的生活環境脈絡情境有著「整體」密切關係，素養涉及個人與所處生活情境的「整體」因應互動體系，包括四個重要的構成要素，亦即，素養能成功地因應生活情境的各種社會場域複雜需求，素養能激發主體能動者個人內部情境之社會心智運作機制的認知、技能以及情意等行動的先決條件，素養能促成個人展現主體能動者的負責任之行動，素養是個人在生活情境任務要求下，展現主體能動者所需行動的知識、能力、態度之一種「整體」因應互動體系，這也呼應了Eisner（2002）所指出的教育是建立在教學活動材料、教師、班級規範與「整體」情境等四種「力」的互動體系之上。

「核心素養」係指學生應該具備核心的知識、能力和態度，以適應社會生活之所需（Weinert, 2001）。故核心素養是預期學生經過學習之後所必須習得而具備的素養（Canto-Sperber & Dupuy, 2001），有了這些核心素養之後，將來可以有效的適應社會生活。核心素養是指每一個人都必須具備的素養，以完成個人之自我實現與發展、主動積極的公民、社會融入與就業。歸納言之，核心素養係指共通性之素養，

更強調其必要性。誠如《素養：課程改革的DNA》一書第五章「素養的理據」所論及的「核心素養」是「核心的」素養，不僅是「共同的素養」，更是「關鍵的」、「必要的」、「重要的」素養（蔡清田，2011b）。「核心素養」代表社會中所有個人成員應普遍達到共同的層次，「核心」代表應該達成層次的最低共同要求，具有共同特質，是每一位社會成員都必須學習獲得與不可或缺的素養，一個人終其一生一定需要許許多多的素養，以因應各種社會生活之所需，「核心素養」指那些所有社會成員都應共同具備的素養，而且這些所有社會成員都應該共同具備的素養，可以再區分為比較「關鍵的」、「必要的」、「重要的」而且居於最核心地位的素養，以及由居於最核心地位的素養所延伸出來的其他相關素養，這些居於最核心地位的素養叫做「核心素養」。

　　換言之，「核心素養」是代表社會成員所應該達成共同的素養，具有關鍵的、必要的、重要的、共同的特質，核心素養是個人處於社會中所必須具備之「關鍵的素養」，是個人生活所需之「必要的素養」，也是現代社會公民的必備條件，更是社會國家發展所不可或缺的人力資本之「重要的素養」，不僅是社會成員所需具備之「共同的素養」，而且也有其「共同的」學術理論之理據，可從多門學術研究角度思考的觀點，針對「核心素養」進行其學理根據之探討（Rychen, 2004）。例如：近年來「聯合國教育科學文化組織」、「歐盟」、「經濟合作與發展組織」等等國際組織與世界各國所進行之跨國研究，企圖從哲學、人類學、心理學、經濟學、以及社會學等不同學門領域，透過多門學科理論研究的觀點，以邁向跨越學科疆界的科際整合（Rychen, 2001），以尋求建立「核心素養」的學理之理據（Rychen & Salganik, 2003）。

　　「核心素養」在歐美等西方世界社會科學領域中廣受歡迎而被廣泛地使用，主要原因在於「核心素養」意指多功能的、跨領域的素養，

其有助於個人與社會達成多項重要的目標、熟練不同的工作或任務，以及能在不熟悉的情境中自主行動（Weinert, 2001）。更進一步地說，就「核心素養的特質」或「核心素養的理論構念之特質」而言，核心素養並不是就個人特質與認知技能進行武斷地決定，而是要詳細地考量個人的成功生活與社會功能健全運作的社會心理先決條件（Canto-Sperber & Dupuy, 2001），核心素養是包含知識、能力與情意態度所組合而成的素養，是具備多種功能可以達成不同的目標，可以學習遷移並運用到許多不同的社會情境與學習領域，能夠幫助學生終身學習以前瞻性地因應未來社會的生活需要，並能有助於個人有效運用心理的資源，包括認知、技能和情意價值，以達成因應未來個人生活與社會情境的複雜要求（Rychen & Salganik, 2000），而且這牽涉到未來社會對其國民有何要求期望。

「經濟合作與發展組織」曾廣邀各領域學者並綜合哲學、人類學、心理學、經濟學以及社會學等學理觀點（Rychen & Salganik, 2000），提出核心素養的四項要素，亦即第一是核心素養具備多元功能，能夠達成各種重要目標，並且在多元脈絡中解決各種問題；第二是核心素養跨越各種社會場域，能有效參與學校、勞動市場、政治過程、社會網絡以及家庭生活各種社會場域；第三是核心素養涉及高階的心智複雜性，強調心智自律自主以及積極反省生活。不僅能進行抽象思考與自我反省，亦能在社會化過程中，明確找到個人自己的價值與定位；第四是核心素養具備多種面向，涵蓋認知、技能、情意歷程的知識、能力、態度等多個面向的構成要素，涉及處理複雜問題、敏覺、規範、合作以及敘說等等層面。

國內學者亦指出核心素養的特性包括：蘊含知識、能力、態度，核心素養是聯合運作並彼此影響；核心素養需要教師不只是關注學生在

學什麼，還包括學生如何學習及其持續學習；核心素養需要實作表現出來，因此要付諸行動；核心素養是複雜且變化的，在不同的情境下，型態並不一樣，且是透過各種機會的應用發展而增進；核心素養的學習需要考量學生所具備的認知與心理準備度、態度意願與價值信念等特性；核心學習是要強化當前學生所處社會生活世界所需的素養，而不只是為了將來的參與作準備；核心素養並不只是基本能力的新名詞，還包括素養有關的知識、能力與態度，而能夠在各種社會生活情境之下與人互動（吳明烈，2011；陳伯璋，2010a，2010b，2010c；陳聖謨，2011；蔡清田，2011a，2011b）。本章根據這些相關論點加以整理歸納並從教育學理的觀點加以延伸闡明其論點。

特別是，此種前瞻未來的「核心素養」的「多元性」（multiplicities），具備「多元面向」（multi-dimensionality）、「多元功能」（multi-functionality）、「多元場域」（multi-fields）、「高階複雜」（complexity）、「長期培育」（long term cultivation）等等「三多元一高一長」五項特質。這五項特質不僅具有哲學、人類學、心理學、經濟學、以及社會學等不同學門的學術理論之依據（Rychen & Salganik, 2003），也是建立在作者在2011年著作《素養：課程改革的DNA》第三章「素養之本質」的基礎之上（蔡清田，2011b），亦即素養是「可教、可學」且是有待進一步探究的理論構念，具有「研究假設」性質之理論構念的本質；素養具有「內隱的」與「外顯的」表現水準之理論構念的「冰山模型」本質，不僅具有有待進一步探究考驗的性質，也具有可測量的性質。

特別是本書第一章所提出核心素養具備的「多元性」（multiplicities）與Deleuze（1995）所倡導後現代社會的「多元性」的哲學觀是相當一致，每一種核心素養如同DNA都是一種複合的理論構念，而且每

一種核心素養都具有一種多元面向、多元場域與多元功能的多元性，特別是每一種核心素養的內部都具有高階心智的複雜性，個人的認知、技能、情意等透過反省思考的高階心智機制，統整個人的知識、能力、態度等行動條件，並且隱含著各種流動的、多元的、未完成的行動因素，具有許多可能的進出路口和飛行路線（a line of flight），可以有助於個人跨越各種社會生活領域疆界（蔡清田，2011f），有助個人因應後現代社會現象的不斷改變，並在跨界的行動過程中產生關聯與統整（Roy, 2003），當然此種涉及高階心智的複雜機制之核心素養，也是必須透過長期培育才能學習獲得（Lynch & Hanson, 2011），本書第五章「核心素養的培育」將進一步論述。

「核心素養」乃是一系列多元面向組合而成的綜合「整體特質」（holistic character），每項核心素養均涵蓋知識、能力與態度層面，核心素養具備「多元面向」的綜合「整體」；而且核心素養同時具備促進個人實現與社會發展之「多元功能」；核心素養具有跨越各種社會場域（transversal across social fields）與學習領域（learning areas）等「多元場域」之廣度；核心素養牽涉到反省思考的高階心智及複雜性行動學習的「高階複雜」（refer to a higher order of mental complexity）之深度，而且核心素養必須透過「長期培育」（long term cultivation），如下圖1-4核心素養的特質所示：

圖1-4　核心素養的特質

　　換言之，「核心素養」具備「多元面向」、「多元場域」、「多元功能」、「高階複雜」、「長期培育」等「三多元一高一長」五項特質。核心素養乃是一系列多元面向組合而成的綜合「整體特質」，每項核心素養均涵蓋知識、能力與態度層面，如同DNA都是完全由A、G、C、T等四個字母所組合而成的一種複合構念之整體，核心素養具備多元面向的綜合「整體」；而且核心素養同時具備促進個人實現與社會發展之多元功能，如同DNA能使人體細胞發揮個別功能與群體組織的系統整合功能，以維持個人發展與社會發展之功能；核心素養具有跨越各種社會場域與學習領域等多元場域疆界之廣度，如同DNA是貫串人體內部各種器官與組織系統的每一種領域細胞並使各種組織發揮其社會組織功能；核心素養牽涉到反省思考及行動與學習的高階心智複雜性之深度，而且核心素養必須透過長期培育，如同DNA是人體細胞所構成的

各種器官與複雜組織系統之構成要素，而且也需要長期培養以吸收各種營養素才能發揮其功能等特質，茲分述如次：

🏁 1.「多元面向」：核心素養具備多元面向的綜合「整體」

核心素養的特質之一是「多元面向」（multi-dimensionality）的特性，這與Deleuze（1995）所倡導後現代社會的「多元性」哲學是相當一致的。核心素養的此種特質也呼應了作者2011年著作《素養：課程改革的DNA》第五章「素養之理據」的哲學理論基礎（蔡清田，2011b），亦即核心素養是具備知識、能力與態度等多元面向的綜合「整體」，彰顯了核心素養是一種涵蓋了認知、技能、情意的複合構念，如同DNA都是完全由A、G、C、T等四個字母所組合而成的一種複合構念之整體；換言之，核心素養乃是一系列多元面向的組合之「整體」（Rothwell & Graber, 2010），每項核心素養均涵蓋知識、能力與態度三項層面（Rychen & Salganik, 2000）。

「歐盟」甚至更明確地將各項核心素養所應達到的知識、能力與態度層面水準加以具體陳述（European Commission, 2005a, 2005b），特別是明確地指出「核心素養」應涵蓋知識、能力與態度等三大面向，唯有這三項層面均能充分展現，方為實質具備核心素養的意涵。上述核心素養乃是一系列的組合，所涉及的內涵並非單一面向的知識、能力、態度，而是多元面向的「整體」，每項核心素養均涵蓋知識、能力與態度三項層面的綜合「整體」。

國內學者柯華葳（2011）也為文指出當「知識」變化快、職場與社會要求也變化快，必須要檢討學校所教導的「知識」是否能幫助每一個人面對快速變遷、全球化與現代化的衝擊？學生是否有「能力」繼續學習？如果答案是否定的，真的需要用心思考「素養是什麼」？特別

是需強調閱讀樂趣、閱讀認知策略等閱讀素養與語文素養之重要性（洪碧霞、林素微、吳裕益，2011；鄒慧英、黃秀霜、陳昌明，2011）。由此可見，若能將「素養」看成多元而整體（holistic）的理論構念，比較能確實掌握教育過程中，學習者的「知識」、「能力」與「態度」之動態複雜意涵（洪裕宏，2008；OECD, 2005b）。特別是個人若能透過學習獲得核心素養，將具有主體能動性（agency）的行動實踐智慧（Phronesis or practical wisdom）（Giddens, 1984），其中涉及到主體能動者的行動實踐智慧之「知識」、「能力」與「態度」等多元面向，並能結合個人內部情境的「認知」、「技能」與「情意」等複雜心智之行動先決條件（Weinert, 2001），進而統整個人的「知識」、「能力」與「態度」，扮演「反思的實踐者」（reflective practitioner）（Schon, 1983, 1987），透過行動反思與學習，促成個人展現主體能動者的負責任之行動。

　　詳細而言，這項特質可分爲兩個重點，第一是核心素養具備「知識」、「能力」與「態度」等多元面向的綜合「整體」，涵蓋心智歷程的多個面向，包含「認知」、「技能」與「情意」等多元面向的社會心智運作機制（Stein, McHenry, Lunde, Rysst & Harstad, 2001），其內涵比一般能力更爲寬廣，核心素養是結合「知識」、「能力」與「態度」等多元面向爲一個綜合「整體」，而且核心素養包括涉及處理複雜問題的認知技能、分析批判、溝通表達、合作情誼以及倫理道德規範等要素；特別值得注意的是，學習知識的累積已不足以幫助個人面對當代社會生活需求所帶來的挑戰，個人要面對這些挑戰，必須具備處理複雜心智任務的核心素養，具備這些核心素養的個人能夠運用其認知和實際的技能、創造能力以及其他的心理資源，例如態度、動機、以及價值。核心素養的特質便是個人在道德和智能思想上的成熟，能夠擔負起自我

學習和行動的責任，可超越知識和能力的教育，導正過去重知識、重能力、忽略態度之偏失（陳伯璋、張新仁、蔡清田、潘慧玲，2007）。

第二是核心素養是一種強調全人的或全方位的素養（陳伯璋、張新仁、蔡清田、潘慧玲，2007；劉蔚之、彭森明，2008）；核心素養係指個人所需具備的素養，以促使學習者能夠在各種生活情境中，有效的進行學習（Weinert, 2001）。誠如許朝信（2005）以全人教育的觀點指出，教育是在培養學生瞭解自己，學會與他人互動（White, 1959），進而適應社會生活，所以全人所應具備的素養應是多方面的，知識、能力、優質習慣、態度及價值觀的培育亦不容忽視。這種特質也彰顯了核心素養是「可教、可學」且是有待進一步探究的理論構念，具有「研究假設」性質之理論構念的本質。這種特質也彰顯了核心素養是具有「知識」、「能力」與「態度」等「內隱的」與「外顯的」表現水準之理論構念的「冰山模型」本質，不僅具有有待進一步探究考驗的性質，也具有可測量的性質（蔡清田，2011b）。

▓ 2. 「多元場域」：核心素養具有跨越各種多元社會場域與學習領域之廣度

核心素養的特質之二是「多元場域」（multi-fields）的特性，可以學習遷移並運用到許多不同的社會情境與學習領域，能夠幫助學生終身學習以前瞻性地因應未來社會的生活需要，如同DNA是貫串人體內部各種組織系統的每一種領域細胞並使各種組織發揮其社會組織功能；就核心素養的廣度而言，核心素養具有跨越各種社會場域與學習領域之廣度，不僅具備多元面向的綜合「整體」與具備多元功能，核心素養更能跨越生活的各種不同的多元社會場域疆界（Weinert, 2001），並跨越各級學校的主要學習領域課程科目內容及重要的新興議題。例如柯華葳、

戴浩一、曾玉村、曾淑賢、劉子鍵、辜玉旻、周育如（2010）所進行的《公民語文素養指標架構研究》，便指出功能性素養強調以達成生活目標為主，包括「日常生活」、「學習」、「職場」、「健康」及「休閒」五大場域，批判性素養強調社會公民參與終身學習為目標，分為「政治」、「經濟」、「社會」、「科技」、「文學與藝術」等場域。

　　特別是個人所處的社會生活情境，牽涉到個人所處環境脈絡廣大的人、事、物所構成的各種生活問題與工作挑戰，亦即根據個人所處環境脈絡情境因素來界定素養。這種核心素養的社會學理論基礎，呼應了《素養：課程改革的DNA》第四章「素養的模式」所論及的（蔡清田，2011b）：可以透過個人以及所處的情境脈絡與個人所採取的主體行動等要素，闡述個人及其所處的制度結構之間的動態關係（Giddens, 1984），因為個人所處的社會環境脈絡情境的條件不同以及根據的前提不同，核心素養可以協助個人彈性地因應不同環境脈絡情境而調整其行動，甚至如同「變形金鋼」，能有彈性地適合「後現代社會」各種複雜多變情境的應用需要，以因應各種不同情境領域之不同需求與任務挑戰，以上說明了素養的理論構念之模式，適合各種多元的社會環境脈絡情境之各種需要（Stoof, Martens, van Mrrienboer, & Bastiaens, 2002），有助於個人「成功」地因應社會情境之需求。而且更彰顯了素養的理論構念之模式，是一種「社會行動的轉型模式」（the transformational model of social action）。

　　這種核心素養的社會學理論基礎，也呼應了《素養：課程改革的DNA》第五章素養的理據之社會學理論基礎觀點（蔡清田，2011b），個人需具備國民的核心素養，以便呼應社會生活的期望，並參與社會的運作機制。基於上述社會學理論基礎的觀點，Perrenoud（2001）特別關注「在複雜的社會情境中，個人需要擁有哪些核心素養才能自由獨立

的生存與活動？」Perrenoud特別引用了Pierre Bourdieu（1983）所建構的專有名詞——「社會場域」（social fields），社會環境可以分成許多各種不同的「社會場域」，例如：親子關係、文化、宗教、健康、消費、教育訓練、工作、媒體、資訊及社區等等，可以獲得社會興趣、規範、權力關係、社會互動等為基礎的一組社會地位動態組合。

　　在這個用法中，核心素養並不特別限定於哪個場域，而是跨越了所有的社會場域（Tiana, 2004），是以，核心素養可以協助個人無論在哪一個機構、擔任不同的工作或處在各種不同的多變情境下，所需要而能有效運用的核心素養，這是對每一個個人都非常重要而關鍵的知識、能力與態度等行動的先決條件，能夠協助個人有效參與學校教育、各行業市場、社會團體，以及家庭生活。換言之，核心素養之培育場域普及，並不限於學校，家庭、組織、職場及社會，均應擔負起培育責任。在此過程之中，學校教育與成人社會教育機構均屬重要（Quane, 2003）。

　　就此而言，「核心素養」並不等同或侷限於特定行業領域的「專門素養」（專門職業素養或專業職能），核心素養也並不是要取代特定行業的專門素養。專門素養係任何人在其個人或生涯發展中成功並完成每一項專門職業工作所需的知識、能力與態度價值觀。是以，「專門素養」的核心能力，是不同於每一位國民為因應當代社會生活所需之「核心素養」，例如養殖貝類、牡蠣、水產對某些特定行業者而言，可能是獲得成功生活的專門素養，這種專門職業的專門素養，是與專門工作相關或特定行業相關的「專門素養」，但是，這不是每一個國民都必須具備之關鍵的、必要的、重要的核心素養（Rychen & Salganik, 2003），而是屬於專門職業或特定行業領域的特定工作情境所需要具備的專門素養或專業職能（賴春金、李隆盛，2011）。

　　值得注意的是，核心素養的相對重要性，可能會因其所適用的環

境脈絡情境之不同而有所差異。其因應特定生活場域文化的、情境的與其他環境脈絡因素所型塑出來的需求之特定性與相對的權重，可以運用多面向空間的方式來加以說明，舉例而言，「經濟合作與發展組織」完成的「素養的界定與選擇」之跨國研究（OECD, 2005a; 2005b; Rychen & Salganik, 2003），指出「能自律自主地行動」、「能互動地使用工具」、「能在異質社群中進行互動」等三個面向的核心素養，可以下圖1-5簡化為三度空間的可能關係來說明，每一個面向所對應的在某一特定情境之下，為了達成某種特定目的所需要的特定核心素養（Rychen & Salganik, 2003）。不同的情境脈絡如特定國家的特定社會場域，可以因應這三群核心素養，此將有助於達成某種特定目的之個別貢獻程度的相對重要性，而將其安置在下圖1-5的適當位置（Rychen, 2003）。

　　是以核心素養的第二個特質，是能跨越生活的各種不同的多元社會場域疆界，並跨越各級學校的主要學習領域課程科目內容及重要的新興議題（OECD, 2005b），以協助個人在不熟悉的環境脈絡情境之下進行行動，達成多元目標、精熟多元的工作任務，並在社會文化環境脈絡情境之下，經由調整適應、塑造影響與選擇環境，以協助個人獲得所需的生活並經營成功的生活。核心素養跨越各種社會場域疆界，這項特質在社會與學校方面，有兩個重要面向的意義。

　　第一是，核心素養能跨越生活的各種不同社會場域疆界，能協助個人有效參與學校、勞動市場、政治運作過程、社會團體以及家庭生活等各種社會場域。特別是，社會環境可以分成許多各種不同的「社會場域」（Bourdieu, 1983），例如親子關係、文化、宗教、健康、消費、教育訓練、工作、媒體、資訊、社區、政治、經濟等所組成。是以，一方面，核心素養能跨越生活的各種不同的多元社會場域之外，另一方面，個人也可透過參與這些各種不同的多元社會場域之行動，獲得社會

福利、規範、權力關係、社會互動等為基礎的一組社會地位動態組合
（Rychen & Salganik, 2003）。

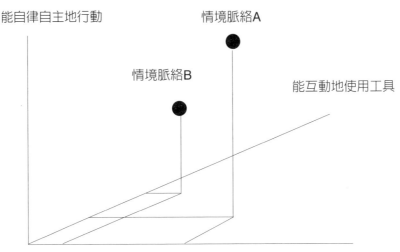

圖1-5　核心素養的各種情境脈絡之運用

資料來源：*The definition and selection of key competencies: Executive Summary.*
　　　　（p.9），by Organization for Economic Co-operation and Development,
　　　　（2005b），Paris: author.
　　　　Key competencies for a successful life and a well-functioning society.
　　　　（p.105），by Rychen, D. S. & Salganik, L. H.（2003）（eds.）.
　　　　Gottingen, Germany: Hogrefe & Huber Publishers.

　　「社會場域」，包括許多不同領域的挑戰與利益以及不同形式的
資本如金錢、知識、地位、社會網絡、人際關係等等，行動主體可以在
社會場域中不斷進行奮鬥，以獲得權力並界定該場域的界線，如此，社
會場域就如同是遊戲一般，都有參與的玩家、挑戰者、規則、利益以及
合法的競爭。個人做為一位社會場域當中的玩家參與者而非旁觀者，就

必須去熟悉該社會場域問題當中可以質疑的規則、價值、符號密碼、概念、語言、法律、制度、對象（Perrenoud, 2001）。爲了參與社會場域的遊戲或探索生活中的許多重要領域，個人有必要去瞭解這些遊戲的要求與遊戲規則，以便能探索不同社會場域與彈性因應不熟悉的情境，是以，個人不只是要知道是什麼，更要知道如何去做，以及瞭解過去經驗的形式，建立過去經驗的情境與新情境之間的關係，並運用這些關係形式，去引導其行動（Canto-Sperber & Dupuy, 2001）。

　　核心素養能跨越生活的各種不同的多元社會場域疆界，各種核心素養必須能夠運用在不同的多元社會場域之生活情境，個人必須具備勝任扮演工作者、家庭成員與社區公民角色的能力（Quane, 2003）。例如：歐盟《終身學習核心素養：歐洲參考架構》（Key Competences for Lifelong Learning: A European Reference Framework）（Eurydice, 2005），將生活場域界定爲家庭、職場、教育與訓練及休閒等四大場域；「國際成人素養評量計畫」（Programme for the International Assessment of Adult Competencies, PIAAC）所界定的「素養」定義爲：現代公民爲了達成有效的社會參與所需的各種素養，其素養的適用情境包含個人、家庭、健康、消費、休閒、職場、教育與訓練，以及社區和公民等各種多元的社會場域。

　　第二是，核心素養能跨越各級學校的主要學習領域課程科目內容及重要的新興議題（OECD, 2000），例如：語文、數學、自然與生活科技、社會科學、健康與體育、藝術與人文等主要學習領域課程科目內容，以及生命教育、性別教育、資訊教育、環境教育、人權教育、家政教育、海洋教育等重要的新興議題。是以，一方面，教育人員除了應理解核心素養，能跨越各級學校的主要學習領域課程科目內容及重要的新興議題之外，另一方面，學校教育人員應適當地規劃設計課程，安排學

生透過參與學習這些各級學校的主要學習領域課程科目內容及重要的新興議題，以協助學生學習獲得核心素養。特別是，時空與心智上的彈性與變動性，是當今全球經濟與資訊社會中相當重要的議題，二十一世紀的社會國民，必須透過各級學校教育的主要學習領域課程科目內容及重要的新興議題，培養未來社會的國民具有必要的核心素養，以便能在許多不同的社會情境當中來回穿梭不同的社會領域（Kegan, 2001），方能進行成功的、有責任的、有生產力的生活（Canto-Sperber & Dupuy, 2001），完成社會中許多不同的角色，並在許多不同的情境中，獲得理解並採取負責任的行動，以因應當代生活的不同需求與挑戰。

🏁 3.「多元功能」：核心素養同時具備促進個人發展與社會發展之多元功能

核心素養的特質之三是「多元功能」（multi-functionality）的特性，具備多種功能可以達成不同的目標，核心素養同時具備促進個人發展與社會發展之多元功能，如同DNA能使人體細胞發揮個別功能與群體組織的系統整合功能，以維持個人發展與社會發展之功能；換言之，核心素養具備多元功能，能夠達成各種重要目標，並且能在多元脈絡情境中解決各種問題，有助於增強個人的成就動機、工作的品質，同時強調社會的需求與功能（Rychen & Salganik, 2003）。核心素養的此種特質也合乎《素養：課程改革的DNA》第五章「素養之理據」的經濟學理論基礎觀點（蔡清田，2011b），特別是世界是複雜多變化且相互依賴的，同時也可能是彼此矛盾衝突並充滿挑戰的，不僅國家、社群、制度、組織都是如此。當生活世界愈來愈複雜多變，情境就愈來愈具不確定性，個人與社會都必須透過學習以獲得核心素養，並運用工具來充實自己，期能以有意義而能管理的方式，來因應情境的複雜性與不確定性

（Callieri, 2001）。

　　從知識經濟的觀點而言，未來的社會發展將隨著國際資本主義的發展，跨國公司將資本、人力、商品和物資運送到世界各地，造成文化全球化現象（Van Reken & Rushmore, 2009）。因此，未來的教育必須跨出學校教育，延伸至終身學習，亦即活到老、學到老是未來學習型社會最明顯的需求，應培育學生的自我學習能力，才能適應變動如此快速的社會生活。作者將會在本書第四章參考主要行動主體能動者理論（Principal Agent Theory）（Levy & Murnane, 2001），進一步說明核心素養的功能，核心素養可以同時促進「個人發展」與「社會發展」，具有同時促進個人發展自我實現以及社會發展的雙重功能，一方面從個人的觀點而言，核心素養可以增能賦權，促成個人發展的自我實現，另一方面從社會的觀點而言，具有核心素養的個人可以透過社會參與和異質性社群進行互動，以達成共同目標，促進社會發展並做出社會貢獻（蔡清田，2011c）。換言之，核心素養同時具備促進個人發展自我實現與社會發展之多元功能，一方面，核心素養的任務，不只是可以協助學生學會共同語言的聽說讀寫，透過共同理解，以減少族群隔閡，並可以增能賦權促成個人的自我實現，追求個人成功的優質生活；另一方面，核心素養也可以負起傳遞社會共同價值與規範之任務，期能達成社會凝聚之功能以及發展功能健全、運作良好的社會，這些核心素養已經超越行為主義的個人行為層次。

　　這些核心素養的「多元功能」，可以協助個人學會做事的方法，並養成處理各種社會情境問題的素養。這種核心素養將愈來愈顯得重要，當個人在接受教育時，應經由妥善安排使其能夠從工作計畫或社會工作中，獲得發展這些核心素養的機會。在未來的社會中，應廣為暢通學習與工作的交流管道。此外，這些核心素養也與職業培訓的關係密切相

關。傳統的能力概念已經過時，往往忽略態度而有所不足，取而代之的是結合知識、能力、態度的核心素養之理念。核心素養是一種綜合體，結合了就業能力、社會行動、團隊合作、創新進取、冒險精神。教育必須維持各種面向的學習，溝通、團隊工作、管理與解決衝突等核心素養顯得日益重要，而且逐漸成爲未來社會生活所需之趨勢，這是合乎聯合國教科文組織所倡導的「學會作事」的核心素養（Delors et al., 1996; Quane, 2003; UNESCO Institute for Education, 2003）。核心素養同時具備促進個人發展與社會發展之多元功能，這種核心素養的多元功能，也是合乎Rychen（2004）從需求導向與功能界定的觀點，將核心素養定義爲能夠成功地因應生活情境的複雜需求（Canto-Sperber & Dupuy, 2001），以完成所需的行動任務，核心素養的多元功能，能夠促進個人在多元複雜的情境領域中，更有效能的社會參與，並且增進個人成功的生活以及發展功能健全的社會。

4.「高階複雜」：核心素養牽涉到反省思考的高階心智及複雜性行動學習的「高階複雜」

　　核心素養的特質之四是「高階複雜」（complexity）的特性，就核心素養的深度而言，核心素養牽涉到反省思考的高階心智及複雜性行動學習的「高階複雜」，換言之，核心素養涉及反省思考及行動與學習的高階心智複雜性之深度，核心素養並不只是記憶能力，而是涉及既有深度又有廣度的高階複雜反省思考之運作機制（Lyotard, 1984），具有複雜科學理論的複雜思維（complex thought）之精神，如同DNA這種去氧核糖核酸是存在於人體細胞的一種有機化合物，具有高階複雜性的基因密碼，而且是人體細胞所構成的各種器官與複雜組織系統之構成要素，可以透過不同組合成爲各種不同領域的組織系統並展現出各種不

同功能：核心素養此種牽涉到反省思考及行動與學習的高階心智複雜性之深度的特質，也彰顯了《素養：課程改革的DNA》第三章「素養的本質」所論及的素養具有「外顯的」可見的知識、能力，以及「內隱的」態度與認知、技能、情意的表現理論構念之「冰山模型」本質，不僅具有有待進一步探究考驗的性質，也具有可測量的性質（蔡清田，2011b）。特別是從素養的理據之心理學理論基礎觀點而論，核心素養是建立在當代社會生活所需的個人內部情境之社會心智運作機制的認知、技能、情意等等行動的先決條件之上（Weinert, 2001），透過個人對生活的反省與學習等等所需的個人內部情境之社會心智運作機制的認知、技能、情意等等行動的先決條件，可以促進個人與環境交互的學習，有助於個人獲得「優質生活」，亦即成功的生活與功能健全的社會（Kegan, 2001）。

　　例如：胡志偉、郭建志、程景琳與陳修元（2008）便從心理學面向進行「能教學之適文化國民核心素養研究」，其研究顯示依據特定核心素養所發展的教學活動，將有助於學生提升其核心素養。這種心理學的論點，重視學生心理潛能的教育發展，促進學生的能力發展，啟發好奇心、求知欲和探索創新的精神，協助學生形成完善人格，學會認識和接納自己、學會人際交往、認識學習的價值，形成正確的學習動機及學會學習，如此才能適應未來社會的競爭與挑戰。這種論點相當接近人本主義的教育目標，不但著重在建立學生的積極自我概念，重視積極的人際關係發展及真誠的人際溝通，強調人性尊嚴與價值，重視態度、品德、價值觀念等培養（陳伯璋、張新仁、蔡清田、潘慧玲，2007）。

　　「經濟合作與發展組織」（OECD）自1997年推動「國際學生評量計畫」（Programme on International Student Assessment, PISA）以來，即試圖架構出讓學生不僅只有閱讀、數學、科學等方面的學科能力，更

是要學生能在複雜的社會中，具有更廣泛解決問題的核心素養，其中，「反思」（reflectiveness），亦即反省思考及行動與學習的高階心智複雜性之深度，即是核心素養的核心。綜合言之，核心素養不僅可以協助個人針對環境脈絡情境的需求進行因應，更能協助個人發展出高階心智複雜性的「反思力」（reflectivility）（Rychen, 2003: 82），這種反省思考及行動與學習，是核心素養的核心（the heart of key competencies），涉及相當複雜的心智過程，並且要求個人將思考過程從主體轉變為客體，這是具有有關學習如何學習的「後設素養」（metacompetencies）之特質（Weinert, 2001），特別是所謂的「有素養的人」（the competent human）強調個人心智的自律自主以及積極反省與主動學習（Haste, 2001），不僅能夠協助個人進行抽象思考與自我反省，亦能協助個人扮演反思的實踐者（reflective practitioner）（Schon, 1983; 1987），在社會化的過程中，明確找到個人的自我價值與定位。

特別是就核心素養的深度而言，核心素養涉及個人內部情境的社會心智運作機制之認知、技能以及情意價值動機等反思與學習的高階心智複雜性，以回應外部情境複雜需求下的任務行動。此種涉及個人反省思考及行動與學習的高階心智複雜性之「反思力」可以協助個人：(1)在面對複雜多變的脈絡情境時，能跳脫出對過去以往學校所學之依賴；(2)從經驗中進行學習，而不會讓個人的行動受限於具排他性的思考以及所處社群的期許；(3)對個人自己所思、所想、所感的負起責任；(4)能形成複雜的價值體系以兼容並蓄各種可能相互矛盾的價值觀（劉子鍵、柯華葳，2005）。

換言之，核心素養涉及了高層次的心智複雜機制，核心素養不只是記憶可以累積的知識、抽象思考與社會化而已，這些已不足以因應當代社會生活的複雜需要之挑戰，當代變遷社會的情境所需要的核心素養，

是更高水準的心智複雜性，也是一種自律自主有秩序的心智複雜機制，這是合乎複雜科學/系統理論的複雜思維（complex thought），特別是系統思維強調整體與部分、系統與環境之間的辯證或複雜關聯性，部分與整體相生相續，也相輔相成（馮朝霖、范信賢、白亦方，2011）。這種心理秩序的複雜性，是一種重要的反省思考及行動與主動學習的整體生活方式，有助於個人去從經驗當中進行反省思考及行動與主動學習，扮演反思的實踐者（Schon, 1983; 1987），而不會受到其所處環境傳統思維的限制之束縛與桎梏（Perrenoud, 2001）。反省思考及行動與主動學習，是一種將主體當成客體的思考複雜轉化之個人內部之社會心智運作機制歷程，將所知的要素，轉化成為可以反省思考、可以處理、可以端詳、可以推論其關係、可加以掌控、可以內化、可以同化、可以運作的對象，主體則是我們的認同體、連體、合體之所在（Kegan, 2001）。換言之，個人若能透過反思與學習獲得核心素養，其重要的結果，便是更具有責任心，更能掌握自己，並進行更高水準的反省思考及行動與主動學習。

　　值得特別注意的是核心素養的第四個核心特質，也就是核心素養牽涉到反省思考的高階心智及複雜性行動學習的「高階複雜」之深度（Rychen, 2003）。反省思考及行動與學習，是核心素養的核心（the heart of key competencies），特別是反省思考及行動與學習，涉及相當複雜的心智過程，並且要求個人將思考過程從主體轉變為客體。當個人要精熟某項特定的心智技能時，反省可以幫助個人思考如何學習與同化此項技能，並連結其個人經驗，改變與調整此項技能，以及後續的實際運用。因此，學習知識的累積已不足以幫助個人面對今日的挑戰，個人要面對這些挑戰，必須具備處理複雜心智任務的核心素養，具備這些素養的個人能夠運用其認知和實用的技能、創造能力，以及其他的心理資

源，例如態度、動機，以及價值。核心素養的特質便是個人在道德和智能思想上的成熟，能夠擔負起自我反省思考及行動和學習的責任。此種反省思考及行動，必須運用後設認知技能（metacognitive skills）、創造力，以及批判能力（OECD, 2005b），這不僅涉及個人如何進行思考，也包括個人如何建構其思想、感受，以及社會關係的整體生活經驗，要求個人到達一種更爲成熟的境界，以便允許他們可以與社會壓力保持距離，採取不同的觀點立場，進行獨立判斷並爲其行動負起責任（陳伯璋、張新仁、蔡清田、潘慧玲，2007）。

自律自主有秩序的心智複雜機制，會要求個人與社會保持一定的距離，以便可以根據各方而來的期望，進行明智的判斷，並爲自己所發出的情感與思想，承擔起責任（Haste, 2001），反省檢討自己不當的行爲、思維與情感，不能只是將其歸咎於早年的家庭經驗，並且要成熟地反省檢討自己所作所爲的內在心智複雜機制，並創造一個更爲複雜而抽象的價值系統，以及一個完整的架構理論，以產生獨特的價值觀，並加以排列其優先順序，以解決其彼此之間的內在衝突（Kegan, 2001）。

就此而言，一位具有核心素養的主體能動者，所表現出來的彈性、適應、容忍與心胸開放、有責任、積極主動等等特質，就具有反思的實踐者的意涵（蔡清田，2011e），這些都是具有高層次水準心智複雜性的核心素養之必要條件。這種反省思考及行動與學習的複雜心智機制是指，主體能動者在許多生活情境所必須面對的心智挑戰，所需要的核心素養水準，此處所指的複雜心智機制，是廣義的指個人意義的建構或參與社群組織的能力，不只是個人如何思維，而是個人如何建構經驗，包括其一般的思維、情感與社會關係。

特別是反省思考及行動與學習，此一高層次的心智複雜性，並不是一種較高級的認知技能或較高級的學歷水準，而是一種批判思考與反省

思考的整體發展，也是生活中正式與非正式的知識及經驗的累積之總和（Perrenoud, 2001）。因此，這不只是一個認知或心智的問題，而是一個涵蓋適當動機、倫理的、社會的、行動的要素，以及認知的與心智的等等要素之複雜行動體系的問題（Canto-Sperber & Dupuy, 2001）。大多數的個人通常都是必須到達成年之後，才能發展出此一較高水準的心智複雜性，而且個人也必須透過優質的社會化歷程，才能承擔社會化的壓力，個人才能進行獨立判斷，承擔起行動的責任，此種理解，是建立在人類發展演化、進化與長期教育的成果之上，個人才能將更高級水準的心智複雜性，融入其思考與行動當中（Kegan, 2001）。是以，反省思考及行動與學習，此種較高水準的心智複雜性，是核心素養的內在結構之重要特質，而且與核心素養的長期教育培養關係十分密切。

5.「長期培育」：核心素養必須透過各級教育階段的終身學習之長期培育

核心素養的特質之五是「長期培育」（long term cultivation）的特性，因此，核心素養必須透過各級教育階段的終身學習之長期培育，核心素養是後天習得的（Weinert, 1999），可以從學習中獲得的（can be learned），在一定條件下，素養是可教的、可學的，並且可以經由社會的、動機的、教學的觸動引發，以進行各級教育階段的終身學習之長期培育（Stahl & Wild, 2006），如同DNA是人體細胞所構成的各種複雜組織系統之構成要素，而且也需要各種教育階段的長期培養以吸收各種營養素才能發揮其功能。

特別是核心素養的發展乃是終身學習的終生歷程（Lynch & Hanson, 2011），始於家庭、學校與社會教育，而貫穿人的一生。核心素養係可持續發展，且在不同人生階段中強化之（Quane, 2003），涉

及了終身培育的歷程。核心素養的這種特質，也呼應了《素養：課程改革的DNA》第五章「素養的理據」之人類學理論基礎（蔡清田，2011b），特別是人類學家Jack Goody（2001）觀點指出，核心素養的理論基礎必須建立在實際的人類社會背景之上。因為教育常常被簡化為學校活動，學校也往往被認為是培養核心素養之主要場所，但是學校本身已經相當程度地脫離真實社會情境，從單一或少數學校活動是無法培養核心素養的內涵。因此，核心素養的發展，必須透過人類的社會化（socialization），以及一般性的文化環境而完成。這種人類學的論點，相當合乎多元學習所重視的學校外的教育，可擴展過去教育場所僅限於學校之議。儘管學校制度可以讓學習者在短時間內學習大量的知識與技能，但是學校作為一種教育體系亦有其侷限，因此，擴展學校外的學習情境，可彌補學校教育之不足，並提供多元學習之可能（陳伯璋、張新仁、蔡清田、潘慧玲，2007）。

　　核心素養必須透過各級教育階段的終身學習之長期培育的此種特質，也彰顯了「核心素養」這種理論構念具有動態發展的本質，是不斷成長與改變的，是可學與可教的，而且可因學習經驗、教學指導而發展，必須透過不同教育階段的長期培育（蔡清田，2011g）。特別是，由於核心素養應不是單獨針對特定的學校教育階段與教育類別，而是著眼於整個社會的教育體系與人力發展專業的共同架構（劉蔚之、彭森明，2008），更著眼於個人終身學習、生活適應、生涯發展、社會參與、公民責任等方面所需要的素養之培育與提升。是以，核心素養可以作為學校或社會各種職業場域中所需素養的正當理據，可透過各種學習情境脈絡的規劃設計，像是在某一個學科領域中、或某一特定職業、或某一間公司裡加以學習與運用（Weinert, 2001）。

　　從教育的觀點而言，素養是「可以透過教育加以引導的」、「可以

透過教學加以培養的」、「可以透過學習獲得的」，而且各項核心素養的培養，均是一種終身學習與發展的歷程，而非僅存於特定的教育階段（OECD, 2005b），可以透過學習歷程持續發展，特別是必須透過不同教育階段的終身學習之長期培育，也就是透過每個教育階段之課程設計與教學實施，加以培養，並經學習者一段特定時間之學習和累積充實以獲得素養，以促使學習者能夠具備多元面向的綜合「整體」、具備促進個人實現與社會發展之多元功能、跨越各種多元的社會場域與學習領域之廣度、牽涉到反省思考的高階心智及複雜性行動學習的「高階複雜」等特質，不僅能有效的進行學習，更能透過學習獲得個人生活與現代社會公民必備素養所需要的知識、能力與態度，以建立個人的成功生活與功能健全的社會（Canto-Sperber & Dupuy, 2001）。

　　從「聯合國教科文組織」（UNESCO）、「經濟合作與發展組織」（OECD）與歐盟（EU）等國際組織的觀點論之，素養的理論構念與範疇更廣於知識及能力，並且可透過學習獲得。素養不是先天或遺傳的，並非與生俱來的，而是需要透過有意的培養與發展。然而，值得注意的是，素養的培育並不僅需要個人的努力，尚需政府透過政策明確界定核心素養之內涵，並由學校扮演核心素養奠基者的角色，社會扮演核心素養強化者的角色（吳明烈，2005），以增進學習機會的質與量，因此，各機構對於素養的培養扮演著重要並由角色（Rychen & Salganik, 2000）。從「聯合國教科文組織」、「經濟合作與發展組織」與歐盟等國際組織所進行的各項研究獲得之一致結論，均強調核心素養的發展，並非僅是學校教育體系的議題，而應在各種環境中獲得發展。特別是，並非所有的核心素養，均能在學校教育中充分提供，因為核心素養之培育場域並不限於學校，家庭、職場及相關社會場域，均應擔負起培育責任。而且核心素養的培育乃是終身學習之歷程，始於初始

教育，而貫穿人的一生。學校教育僅是發展核心素養的一個階段，如何在各種時期與環境，有效發展這些素養，並有助於個人創造成功的生活，乃成為一項亟待解決之問題，而這需要透過各級教育階段的終身學習之「長期培育」（Tiana, 2004）。

　　換言之，核心素養係可持續發展，並且必須在不同的教育階段加以「長期培育」。在此過程之中，學校教育與社會教育及家庭教育均屬重要，核心素養係在人類生命全程中持續發展，而個人在成人生活階段中，亦有期待改變的需求，而且從發展心理學的觀點論之，核心素養發展並非在青少年期即宣告結束，而是持續到成年期，個人在義務教育結束後，應該建立日後繼續學習核心素養的基礎，以勝任成人生活，而且，成人的核心素養需透過發展與更新的過程，在社會生活中進一步強化核心素養。特別是，從發展心理學的理論觀點而言，這些高階複雜的個人內部情境之社會心智運作機制的認知、技能、情意等等行動的先決條件（Weinert, 2001），是一個連續體的狀態（Kegan, 2001），具有高低不一的表現水準。換言之，核心素養可以在兒童期、青少年期、青年期與成年期等不同發展階段而逐漸發展與培育（Murray, 2003），並逐漸增進其心智的複雜性（Rychen & Salganik, 2003）。例如：青少年期可以進行抽象思考，並透過自我反省思考以建構價值與理想，而且有將個人利益從屬於他人之下或附和其同儕團體的從眾傾向；成人期就能獲得更高水準的心智複雜性，得以進行獨立判斷，迴避「社會化的壓力」。

　　總之，就「核心素養的特質」而言，「核心素養」具備「多元面向」、「多元場域」、「多元功能」、「高階複雜」、「長期培育」等「三多元一高一長」等特質。換言之，核心素養乃是一系列多元面向組合的綜合「整體」，每項核心素養均涵蓋知識、能力與態度層面，核

心素養具備「多元面向」的綜合「整體」，同時具備促進個人發展與社會發展之「多元功能」，也具有跨越各種社會的「多元場域」與學習領域之廣度，同時牽涉到反省思考及行動與學習的「高階複雜」之心智深度，甚至必須透過「長期培育」等特性。每項核心素養都具有高階心智複雜性之深度，而且具有跨越生活的各種不同社會場域疆界，並跨越各級學校的主要學習領域課程科目內容及重要的新興議題之廣度，能有效參與學校教育、勞動市場、政治過程、社會網絡以及家庭生活與學校學習等各種多元的社會生活場域層面。特別是，核心素養，是學習者成功地回應特定情境下的各種不同社會場域複雜需求之知識、能力與態度等面向的行動先決條件（Canto-Sperber & Dupuy, 2001; Weinert, 2001），而且重視學習者接受教育之後所展現出的實踐能力，強調其具備某種知識、能力、態度等行動先決條件，足以勝任個人或社會所需的任務行動，強調學習者可透過學習獲得足以勝任個人或社會任務行動時所需的知識、能力、態度等核心素養，這些核心素養是可教、可學、可評量的，必須透過各級教育階段的終身學習之「長期培育」，而且也是可以透過課程加以規劃、設計、實施、評量的（蔡清田，2008），本書將在第五章「核心素養的培育」進一步加以深論，而且這些核心素養的特質，與本書下一章「核心素養的選擇」，特別是與核心素養的核心價值之選擇規準，有著密切關連，作者將進一步加以闡明。

第2章 核心素養的選擇

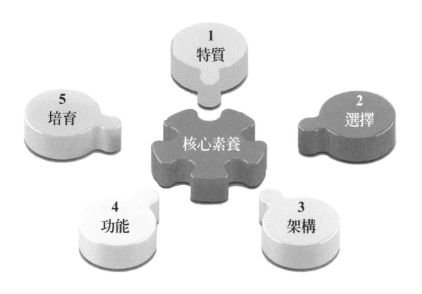

本章「核心素養的選擇」旨在論述「核心素養」的選擇規準，如下圖2-1「核心素養的選擇」在《課程發展與設計的關鍵DNA：核心素養》一書中的組織結構系統圖像所示，這是建立在本書上一章「核心素養的特質」基礎上，特別是根據並回應「核心素養的特質」所論述之「多元面向」、「多元功能」、「多元場域」、「高階複雜」、「長期培育」等「三多元一高一長」等五項特質的基礎之上，進一步論述「核心素養的選擇」之規準。

　　「核心素養」（core competencies），乃是個人參與社會生活所不可或缺、且必須具備「基本的」（basic）、「基礎的」（foundational）、與「核心的」（core）素養：「基本的」意義（OECD, 2005a; 2005b），就層次而言，基本的（basic）是指「基礎的」（foundational）、「重要的」（important）、「必要的」（necessary），而非高深、外圍或細微末節的（Rychen & Salganik, 2001）；就範圍而言，基本的是指「完整的」（complete）、「周延的」（well rounded），而非偏頗狹隘或殘缺不全的（楊思偉，1999；李坤崇，2011）；因此「核心素養」涵括了我國所通稱之「基本素養」（basic competencies），例如聽、說、讀、寫、算、數理符號運用等語文素養與科學素養，以及大學評鑑通識教育的共同核心能力素養，例如溝通表達與團隊合作等素養（李坤崇，2012）。甚至也強調知善行善與知惡去惡的道德知能與行為習性之道德情操（歐陽教，2012）。

　　更進一步，本章也是就作者發表於《教育研究月刊》〈課程改革中的核心素養之選擇〉一文加以調整更新、修正補充最新資料文獻，與先前發表期刊文章內容有所區隔，特別是系統性論述課程改革的「核心素養」之選擇。所謂「核心素養」是指「核心的素養」，是「核心的」（core）素養，甚至是「關鍵的」（key or critical）素養、「必要的」

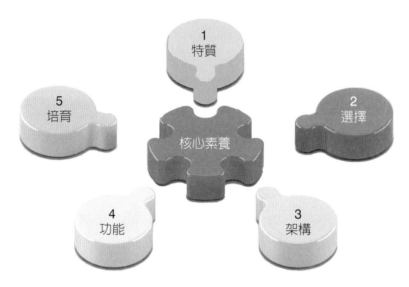

圖2-1　「核心素養的選擇」在本書中的組織結構系統圖像

（necessary）素養、「重要的」（important）素養（Rychen & Salgan-ik, 2003），不僅是「基本素養」或「基礎素養」，也是「共同素養」（common competencies）、「共通素養」（generic competencies），具有本書第一章所言之「多元面向」、「多元功能」、「多元場域」、「高階複雜」、「長期培育」等「三多元一高一長」等特質，更是個人參與社會生活所需要之「核心的」素養，因此，稱為「核心素養」或「核心的素養」；換言之，「核心素養」是個人參與社會共同生活所必須具備之「關鍵的」、「必要的」、「重要的」素養；因此，就「核心素養的選擇」而言，「核心素養」具有「關鍵的」、「必要的」、「重要的」等「核心的」價值（蔡清田，2011b），所以「核心素養」，又稱「關鍵素養」（key competencies or critical competencies）、「必要素養」（necessary competencies）、「重要素養」（important competencies）（McLagan, 1997; Rychen & Salganik, 2001, 2003）。

　　簡言之，就「核心素養的選擇」之規準（criteria）而言，可分三個要點論述如次：第一「核心素養」必須具有「關鍵的」核心價值（core value），不僅有助於個人開展潛能，而且可以產生經濟與社會效益，而且超越特定「職業／工作」的工業社會經濟框架，進而擴及至終身學習、社會公民責任等各種「關鍵的」價值（OECD, 2005a）；第二「核心素養」必須具有「必要的」核心價值，必須能夠有助個人將其應用在各種生活情境、社會場域、學校教育類別與學習領域當中，並且可以帶來效益；第三「核心素養」必須具有「重要的」核心價值，不是單獨針對專家很重要，而必須是對每一個人都很重要，具有「共同的重要性」（common importance），不只是單獨針對特定教育階段很重要，而是每個教育階段都很重要，皆可以持續發展。換言之，核心素養之規劃選擇要合乎「關鍵的、必要的、重要的」核心價值，以選擇「能促進個人潛能發展與社會發展所不可欠缺的素養。」特別是這些「關鍵的」、「必要的」、「重要的」選擇規準，是根據並進一步回應本書上一章「核心素養的特質」所論述之「多元面向」、「多元功能」、「多元場域」、「高階複雜」、「長期培育」等「三多元一高一長」等五項特質的基礎之上，而對於本章之後接下來的數章所要論述之「核心素養的架構」、「核心素養的功能」、「核心素養的培育」等有著密切關聯。

　　「素養」（competence）是一種複合的理論構念，包含「知識」（knowledge）、「能力」（ability）與「態度」（attitude）等認知、技能、情意的要素（蔡清田，2011a）。過去早期「傳統社會」（traditional society）曾將「素養」此種理論構念，界定為「能在文法正確的條件下使用語言」（Bobbitt, 1924），此種素養的理論構念，包括某些習慣、技能、評價、態度、慾望、知識、對他者期待和批評的感覺、

對語言的注意、自我判斷、對正確與錯誤形式的感覺、對語言內容的興趣（Bobbitt, 1918）。然而，隨著時代的演進，素養的理論構念，已經進化到特定「職業／工作」的工業社會經濟框架之「技術能力」，進而擴及至終身學習、社會公民責任等各種生活情境與社會場域範疇所需的素養（張茂桂、董秀蘭、王業立、黃美筠、陳婉琪、杜文苓，2011；Delamare-Le Deist & Winterton, 2005; Dorge, 2010; Lynch & Hanson, 2011; Reynolds & Turcsanyi-Szabo, 2010; Rothwell & Graber, 2010）。

特別是，就教育學理而言，「現代社會」（modern society）及「後現代社會」（post-modern society）所需之「素養」（Diethelm & Dorge, 2010），不同於美國在1990年代之前的「傳統社會」所強調的專門行業技能的「能力」本位教育（成露茜、羊憶蓉，1996；蘇永明，2000；Rychen & Salganik, 2001）；也不同於澳洲在1990年代「工業社會」（industrial society）職業需求導向的「關鍵能力」教育改革（羊憶蓉、成露茜，1997；李奉儒，2009；Stein, McHenry, Lunde, Rysst & Harstad, 2001）。

在面對Google, Facebook, Plurk, Twitter等全球化網際網路資訊溝通科技之「現代社會」及「後現代社會」情境之下，特別是個人處於資訊快速流通與國際關係交流互動頻繁的「資訊社會」（informational society）情境之中，必須因應複雜多變與快速變遷的雲端科技行動通訊「新時代」與「後現代」社會生活複雜多元之需求（Canto-Sperber & Dupuy, 2001; Deleuze, 1995；Roy, 2003），強調「素養」導向的教育改革與課程改革（Rychen & Salganik, 2003），不但將傳統的能力（ability）、技能（skill）、知能（literacy）的概念加以修正，並將其意涵擴展並升級進化轉型為同時包括「知識」、「能力」與「態度」的「素養」，特別重視資訊時代數位生活之「新時代」與「後現代」社

會生活所需要的「素養」（蔡清田，2011a），尤其強調「核心素養」（core competencies or key competencies）是培育能自我實現與社會健全發展的高素質國民與世界公民之基礎（Pinar, 2009; Popkewitz, 2008, 2009）。

　　尤其是當今學生面對多元複雜又多變之後現代社會，若於求學期間僅專注於狹隘的學科知識能力範圍，而未能積極而廣泛地接觸其他學習領域與社會生活所需的知識、能力及態度，已不符合未來新時代之需求（王燦槐，1994）。知識不再是足夠力量，未來需要具備各種知識、能力與態度所構成的素養（Diethelm, & Dorge, 2010）。例如：「聯合國教育科學文化組織」提出「學會求知」（learning to know）、「學會做事」（learning to do）、「學會與人相處」（learning to live together）、「學會發展」（learning to be）、「學會改變」（learning to change）等終身學習的素養（Delors et al., 1996; UNESCO Institute for Education, 2003）；「經濟合作與發展組織」所進行的「素養的界定與選擇」（Definition and Selection of Competencies: Theoretical and Conceptual Foundations，簡稱DeSeCo）之跨國研究（OECD, 2005a; 2005b; Rychen & Salganik, 2003），也提出「能自律自主地行動」（acting autonomously）、「能互動地使用工具溝通」（using tools interactively）、「能在異質社群中進行互動」（interacting in socially heterogeneous groups）等核心素養。

　　歐盟（European Union, EU）也提出：1.母語溝通（communication in the mother tongue）；2.外語溝通（communication in a foreign language）；3.數學素養（mathematical competences）以及科技基本素養（basic competences in science and technology）；4.數位素養（digital competence）；5.學習如何學習（learning to learn）；6.人際、跨文

化與社會素養（interpersonal, intercultural and social competences）以及公民素養（civic competence）；7.積極創新應變的企業家精神（entrepreneurship）；8.文化表達（cultural expression）等八大核心素養（European Commission, 2005a; European Commission, 2005b; SCAD-Plus, 2006; Mashayekh & Bazargan, 2009; The European Association for University Lifelong Learning, 2009）。美國教育部（U.S. Department of Education）及美國全國教育協會（National Education Association）與著名跨國公司如蘋果（Apple）、微軟（Microsoft）、戴爾（Dell Computer）、思科（Cisco Systems）組成產官學界合作組織，於2002年共同發表了「二十一世紀的學習與技能」報告，指出二十一世紀三種最重要的學習技能是「資訊與溝通」（Information and Communication）、「思考與解決問題」（Thinking and Problem-Solving）、「人際與自我導向的技能」（Interpersonal and Self-Directional Skills）；美國伊利諾州政府（Illinois State Government）提出能解決問題、溝通、運用科技、團隊合作、領域統整能力等素養；猶它州政府（Utah State Government）訂有終身學習、複雜思考、有效溝通、協同合作、責任公民、就業能力、道德品格等七大技能（Partnership for 21st learning skills, 2002）。

特別是，當前「新經濟時代」與「資訊社會」之科技網路世代生活所需的「語文素養」、「科學素養」、「資訊素養」、「媒體素養」、「民主素養」、「多元文化素養」、「能自律自主地行動」、「能與他人互動」、「能使用工具溝通」等等公民所需的基本素養（柯華葳、戴浩一、曾玉村、曾淑賢、劉子鍵、辜玉旻、周育如，2010；陳伯璋、張新仁、蔡清田、潘慧玲，2007；蔡清田，2011a；蔡清田、陳延興、吳明烈、盧美貴、陳聖謨、方德隆、林永豐，2011；），皆可同時涵

蓋知識、能力、態度等，更可彌補過去傳統社會與工業社會的能力之不足（張一蕃，1997; Inglis & Aers, 2008）。由於「核心素養」是培育能自我實現與社會健全發展的高素質國民與世界公民之基礎，而且「核心素養」可以作為課程設計的垂直連貫與水平統整之經緯線，成為聯結普通教育和技術職業教育的一種核心樞紐，更可全方位的整合知識、能力與態度，以應用於生活情境之中（蔡清田，2011a；2011b；2011c）。是以「核心素養」不僅可以涵蓋幼兒園及國民中小學的「基本能力」、高中職的專門學科的「核心能力」與因應生活情境及就業工作任務所需的「關鍵能力」等用詞，又可超越其範疇，更可以彌補上述用詞在態度情意價值等層面的不足之處（謝清俊、尹建中、李英明、張一蕃、瞿海源、羅曉南、謝瀛春，1997）。

　　「核心素養」的理論構念，與個人所處的生活環境脈絡情境，有著整體的密切關係，特別是核心素養乃是一系列多種面向組合的綜合「整體」，每項核心素養均涵蓋知識、能力與態度層面，而且誠如本書上一章所強調的，核心素養具備「多元面向」、「多元功能」、「多元場域」、「高階複雜」、「長期培育」等「三多元一高一長」的五項特質，亦即，核心素養具備多種面向的綜合「整體」，核心素養同時具備促進個人實現與社會發展之多元功能，核心素養具有跨越各種社會場域與學習領域之廣度，核心素養牽涉到反省思考及行動與學習的高階心智複雜性之深度，核心素養必須透過長期培育等等特質（McLagan, 1997; Rychen & Salganik, 2001, 2003；蔡清田，2011b）。

　　是以，核心素養是個人與社會生活所必須具備的素養，也是現代社會國民所必須具備的素養（Diethelm, & Dorge, 2010），「核心素養」代表個人應普遍達到共同的層次，「核心」代表應該達成層次的最低共同要求，具有共同特質，是每一位社會成員都必須學習獲得與不可或缺

的素養（OECD, 2005a; 2005b）。換言之，「核心素養」是指社會成員共同的素養，也是關鍵的、必要的、重要的核心素養，核心素養是每一位社會成員都必須學習獲得與不可或缺的素養，是當代每一個人獲得成功生活與功能健全社會的關鍵素養、必要素養與重要素養，必須合乎關鍵的、必要的、重要的三項必備條件，以選擇規劃個人開展潛能與產生經濟與社會效益所不可欠缺的素養。這些核心素養的核心價值之選擇規準，都合乎了本書上一章「核心素養的特質」之論述。

更進一步地，就「核心素養的選擇」或「核心素養的理論構念之選擇」而言，「聯合國教育科學文化組織」、「經濟合作與發展組織」以及「歐盟」等國際組織，強調透過國民核心素養之界定與選擇，以及國民核心素養之教育培養，可以促成了「成功的個人生活」及「功能健全的社會」（OECD, 2005a, 2005b; The European Association for University Lifelong Learning, 2009; UNESCO Institute for Lifelong Learning, 2008a, 2008b, 2009）。特別是「經濟合作與發展組織」從1997年至2005年提出總結報告為止（OECD, 2005a; 2005b），經過進行長達將近九年之久的「素養的界定與選擇」之大規模跨國研究計畫所界定的核心素養之「核心」（core），不只是共同的，更是指關鍵的、必要的、重要的。「核心素養」代表的是個人應普遍達到共同的層次，是當代所有每一個個人獲得成功生活與功能健全社會的關鍵素養、必要素養與重要素養。因此，「核心素養」並非質疑或否定其他「素養」的重要性，核心素養也不是企圖取代其他特定領域所需的特定素養（Rychen & Salganik, 2003）。

就此而言，核心素養的選擇，似乎可以根據國際競爭力、本土關懷、廣義的教育、身為一個人該具備的共同性等四原則，作為選擇核心素養之理由根據（陳伯璋、張新仁、蔡清田、潘慧玲，2007）；特別

是一方面，就國際競爭力而言，二十一世紀已是全球化、國際化的政經情勢，臺灣處於全球化的生活情態，也面臨世界各國的日益強烈的國際競爭，積極拓展國際視野，意味著擴展在國際舞台發展的機會，以提升國際競爭力是國民應有的核心素養（Cogan & Derricott, 1998）；另一方面，就本土關懷而言，國人生於斯、長於斯，本土的文化與環境是國民的成長與生命力的根源，因此認識自己的文化、尊重在地的文化，關懷本土是國民應有的核心素養（蔡清田，2011b）。

而且特別值得注意的是，核心素養的界定與選擇，其重點不在於建立一種唯一的核心素養定義，而是在於提供一套較爲完整的核心素養之「參考架構」，使其所定義的核心素養更能兼具理論與實用價值（Stoof, Martens, van Mrrienboer, & Bastiaens, 2002），藉以明確界定核心素養的內涵，作爲進行十五歲青少年與成人素養水準之國際調查評量的參考架構。因此，核心素養的選擇必須符合三項條件：第一是必須有價值且可產生經濟與社會效益；第二是必須能夠應用在各種生活領域中並帶來益處；第三是必須是對每個人都重要且能持續發展與維持（OECD, 2005a; 2005b）；換言之，核心素養的選擇，特別是要能協助個人獲得優質生活（good life）（Canto-Sperber & Dupuy, 2001），以獲得成功的個人生活，並進而建立功能健全的社會（Rychen & Salganik, 2003）。例如：核心素養可作爲重要的教育目標內涵，而且已經成爲許多「經濟合作與發展組織」以及「歐盟」等國際組織的會員國國家之教育目標（Rychen, 2003:65）。特別是核心素養在德國、挪威、瑞典、芬蘭、丹麥、紐西蘭、許多國家已經被當成整體的教育目標，據以推動課程發展與設計的改革（Oates, 2003; Salganik & Stephens, 2003; Trier, 2003）。

就「核心素養的選擇」而言，如下圖2-2「核心素養的選擇」所

示，「核心素養」（core competencies or key competencies），又稱「關鍵素養」（critical competencies），或稱「必要素養」（necessary competencies）或稱「重要素養」（important competencies），而且要量少質精，才能稱爲「核心素養」。

　　換言之，「核心素養」是每一個人獲得成功生活與功能健全社會所必須具備而不可欠缺的「關鍵素養」、「必要素養」、「重要素養」，是個人生活所必須具備的素養，也是現代社會公民所必須具備的素養（OECD, 2005a; 2005b），必須具有「關鍵的、必要的、重要的」三個核心價值之必備條件，而且核心素養最好「質精量少」，方能合乎「關鍵的、必要的、重要的」三個核心價值之必備條件。這些核心素養的核心價值之選擇規準，都合乎了本書上一章「核心素養的特質」之「多元面向」、「多元功能」、「多元場域」、「高階複雜」、「長期培育」等等特質。

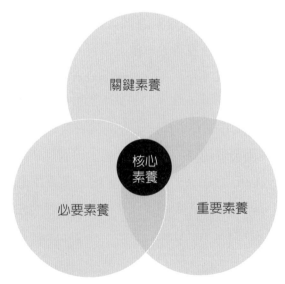

圖2-2　核心素養的選擇

「核心素養」係不同於一般素養，「核心素養」並非與生俱來的
能力，而是需要透過幼兒園、國民小學、國民中學、高中職等各教育
階段的長期培養，其所涉及的內涵，並非單一面向，而是多元面向。
例如，蔡清田、陳延興、吳明烈、盧美貴、陳聖謨、方德隆、林永豐
（2011）所採用核心素養意涵係指較為核心而重要，且透過國內外文
獻探討、經過各教育階段學者專家的德懷術研究調查、與多次整合型研
究團隊課程慎思等方法所界定並選擇出來的素養，亦即「社會參與」、
「溝通互動」、「自主行動」等三種範疇之「語文表達與符號運用」、
「資訊科技與媒體素養」、「藝術欣賞與生活美學」、「公民責任與道
德實踐」、「人際關係與團隊合作」、「國際理解與多元文化」、「身
心健康與自我實現」、「系統思考與問題解決」、「規劃執行與創新應
變」等九個面向之素養，統一採用「核心素養」一詞，藉以彰顯其核心
地位，並以「核心素養」涵蓋「關鍵能力」、「基本能力」、「核心能
力」等相關名詞，以同時包含知識、能力與態度等面向，一方面可避免
常人誤認「能力」相對於「知識」且容易忽略「態度」情意之偏失，另
一方面並可強調知識、能力與態度統整之「核心素養」的理念，並強調
「核心素養」需要透過幼兒教育、初等教育階段、前期中等教育、後期
中等教育等不同教育階段的長期培養，以建立K-12年級的各教育階段
核心素養之連貫體系。

　　「核心素養」之界定與選擇，可以先透過文獻參考國內外既有核
心素養之相關研究及學者專家意見，考慮我國社會需求場域，透過邀集
社會賢達及學者專家與相關教育人員，舉辦焦點座談廣徵各界意見與尋
求共識，再進行正式問卷調查，或採用更嚴謹的「德懷術」研究方法匯
集各方資料加以整理歸納，建立我國國民核心素養之架構內容，以選擇
我國國民核心素養，區分一般素養與較居於核心地位的「關鍵素養」、

「必要素養」、「重要素養」等生活所必須具備的核心素養，進行核心素養之界定與選擇，作為規劃各教育階段課程內容的參考，以做為政府相關單位進行國民核心素養培育之參考（McLagan, 1997; Rychen & Salganik, 2001, 2003；蔡清田，2011b）。

因此，如圖2-3「核心素養的選擇規準」所示，核心素養具有「關鍵的」、「必要的」、「重要的」等三項選擇規準（criteria），首先，核心素養必須具有「關鍵的」核心價值，不僅有助於個人開展潛能，而且必須有價值且可以產生經濟與社會效益（OECD, 2001）；其次，核心素養必須具有「必要的」核心價值，核心素養必須能夠有助於個人將其應用在各種社會生活領域當中，並且可以帶來效益（Rychen, 2003）；第三方面，核心素養必須具有「重要的」核心價值，不是單獨針對專家，而是對每一個人都很重要（Rychen & Salganik, 2003），具有「共同的重要性」，具有「重要的」基礎性，而且能持續發展，是

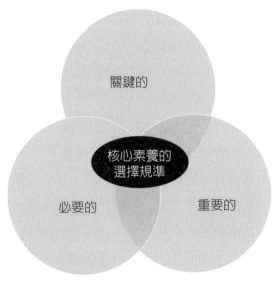

圖2-3　核心素養的選擇規準

個人發展與社會發展所不可欠缺的重要素養（OECD, 2005a, 2005b），可以逐漸加深加廣而持續發展。是以核心素養之選擇最好「質精量少」，要合乎「關鍵的、必要的、重要的」核心價值，以選擇「個人開展潛能與產生經濟與社會效益所不可欠缺的核心素養。」

　　核心素養代表一種可以學習遷移的，而且可以運用到不同的情境、多功能可以達成不同目標的，是一種包含知識、能力與情意態度所組合而成的素養，這些素養能夠幫助學生終身學習。特別是，核心素養的「核心」，是指「關鍵的」、「必要的」、「重要的」，而且統整的知識、能力與態度，代表的是普遍應達到的層次。同時，「核心」並不代表是最低要求的層次，而是對應該達成層次的最低要求。因此，「核心素養」即代表應該達成的素養，具有「關鍵的」、「必要的」、「重要的」核心特質，而且統整了知識、能力與態度。如果核心素養是核心的素養、是關鍵的素養、是重要的素養、是必要的素養，是人類社會的共同願景與彼此分享的理論構念，則核心素養的數量最好「質精量少」，精緻有限，不可能有太多個核心素養，必須加以精挑細選，否則就會如同太多廚師，會打翻一鍋湯（Drake, 1988）。

　　是以，就核心素養的「選擇」而言，如圖2-4「核心素養的核心價值」所示，核心素養的核心價值，必須合乎下列「關鍵的」、「必要的」、「重要的」三項核心價值。

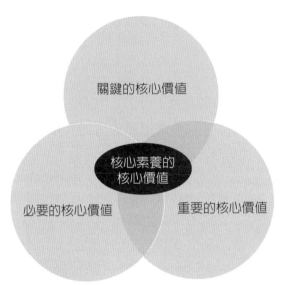

圖2-4　核心素養的核心價值

　　更進一步地，核心素養最好「質精量少」，如圖2-5「核心素養的核心價值」之選擇條件所示，核心素養若要「質精量少」，則核心素養的核心價值之選擇條件必須合乎下列「關鍵的」、「必要的」、「重要的」三項核心價值的選擇條件：1.核心素養必須具有「關鍵的」核心價值，不僅有助於個人開展潛能，而且可以產生經濟與社會效益，而且超越特定「職業／工作」的工業社會經濟框架，進而擴及至終身學習、社會公民責任等各種「關鍵的」價值；2.核心素養必須具有「必要的」核心價值，必須能夠有助個人將其應用在各種生活情境、社會場域、學校教育類別與學習領域當中，並且可以帶來效益：3.核心素養必須具有「重要的」核心價值，不是單獨針對專家很重要，而必須是對每一個人都很重要，具有「共同的重要性」，不只是單獨針對特定教育階段很重要，而是每個教育階段都很重要，皆可以持續發展。換言之，核心素養

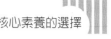

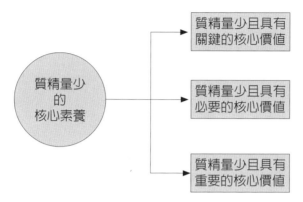

圖2-5　「核心素養的核心價值」之選擇條件

之規劃選擇要合乎「關鍵的、必要的、重要的」核心價值，以選擇「能促進個人潛能發展與社會發展所不可欠缺的素養。」

※ 1.核心素養必須具有「關鍵的」核心價值，不僅有助於個人開展潛能，而且可以產生社會與經濟效益，而且超越特定「職業／工作」的工業社會經濟框架，進而擴及至終身學習、社會公民責任等各種「關鍵的」價值

核心素養（core competencies or key competencies）是「關鍵的素養」（critical competencies）（Kim, Youn, Shin, Park, Kyoung, Shin, Chi, Seo & Hong, 2007），必須具有「關鍵的」（critical）核心價值，這項關鍵的核心價值之選擇規準，合乎了本書上一章「核心素養的特質」之多元功能特質，不僅有助於個人開展潛能，而且可以產生社會與經濟效益，有助於產生對個人與社會都具有「關鍵的」價值結果，而且超越特定「職業／工作」的工業社會經濟框架（Delamare-Le Deist & Winterton, 2005），進而擴及至終身學習、社會公民責任等各種「關鍵

的」價值之「關鍵的素養」，有助於個人的成功生活與社會整體功能健全的關鍵價值結果（Canto-Sperber & Dupuy, 2001）。

這是從強調社會人力資本對個人、經濟、社會之「關鍵的」核心價值而言，核心素養是一種同時有助於個人發展與社會發展之「關鍵的素養」，就如同是居於核心地位的關鍵元素、關鍵原料、關鍵組件之關鍵核心，也是同時有助於個人發展與社會發展之「關鍵的要素」與「關鍵的核心」，強調核心素養之人力資本的投資，不僅有助於經濟發展，更有助於個人的健康、親子關係、社會福祉、社會與政治參與，是其主要關鍵之所在（OECD, 2001）。換言之，核心素養是「關鍵的素養」，必須具有「關鍵的」核心價值，不僅有助於個人開展潛能，而且可以產生社會與經濟效益，對個人發展與國家社會發展等教育目標具有「關鍵的」核心價值結果，這也進一步彰顯了本書下一章「核心素養的功能」所言，核心素養可作為教育目標之來源。

更進一步地，過去的教育觀念與人力素質論，往往是建立在以工業社會的工作需求為主要考量的關鍵重點之上（Mansfield，1989），例如過去英美等國相當注重「職業／工作」的價值，重視功能性素養（functional competence）的培養，強調實際工作場所的應用性。但是，近年來世界各國關於「素養」的論述，早已經超越特定「職業／工作」的工業社會經濟框架，進而擴及至終身學習、社會公民責任等各種廣泛的社會場域範疇等等「關鍵的」價值（劉蔚之、彭森明，2008），不只可以產生社會與經濟效益，更可產生終身學習與社會公民責任的「關鍵的」價值。例如，法國、德國與奧地利等國強調多元面向的素養，兼重具體行動素養和功能性素養，以及潛在的知識、能力與態度，不再以特定「職業／工作」的工業社會經濟框架要求基準（Delamare-Le Deist & Winterton, 2005）。特別是「經濟合作與發展組

織」所進行的「素養的界定與選擇」之專案研究所提出三項核心素養，亦即，能自律自主的行動、能互動地使用工具溝通、能在異質性社群中進行互動，其「素養」的理論構念，已不限於特定行業與職業工作，而是整個教育體系、人力發展的共同架構，著眼於個人終身學習、社會生活適應、個人生涯發展、社會參與、公民責任等方面所需要的關鍵素養（蔡清田，2008a; 2008b）。

又如，陳伯璋、張新仁、蔡清田、潘慧玲（2007），進行「全方位的國民核心素養之教育研究」，並從「全球化與在地化」、「學校內與學校外的環境變遷」、「過去、現在與未來社會」等三個關鍵的面向，進行我國國民核心素養的選擇。從全球化與在地化的觀點而言，我國國民的核心素養應具有國際觀，需審慎參考其他國家的相關研究成果對核心素養之界定，此乃因應全球化之趨勢，但更應要立足本土化，適合我國社會文化需求與國情，例如「使用科技資訊」、「學習如何學習」、「多元包容」及「國際理解」等素養，即立基於宏觀世界脈絡之上，而「獨立思考」、「為自己發聲」、「瞭解自己」等素養則是針對我國國民較為缺乏且較有迫切需要之要求。從學校內與學校外的環境變遷的觀點而言，國民的核心素養，作為國民達成「成功的人生與功能健全的社會」之目標所應具備之必要條件，而能在國民教育階段可以培養完成的核心素養，亦即應能於十八歲以下的國民教育過程中加以培育，且應考慮其在各教育階段所培養核心素養的繼續性與順序性（蔡清田，2011b ;McLagan, 1997; Rychen & Salganik, 2003）。

從過去、現在與未來社會的觀點而言，核心素養應是可承先啟後，可以承繼傳統，放眼未來。以空間面向應能廣及個人得以在不同地方亦能安處之素養，而在時間面向應瞭解生存意義及掌握未來論之，「團隊合作」、「處理衝突」、「多元包容」、「國際理解」、「社會

參與與責任」、「尊重與關懷」、「為自己發聲」可歸屬前者，「閱讀理解」、「溝通表達」、「使用科技能力」、「學習如何學習」、「審美能力」、「數的概念與應用」、「反省能力」、「問題解決」、「獨立思考」、「主動探索與研究」、「組織與規劃能力」、「瞭解自我」屬後者。

🀫 2.核心素養必須具有「必要的」核心價值，必須能夠有助個人將其應用在各種生活情境、社會場域、學校教育類別與學習領域科目當中

核心素養必須具有「必要的」價值，必須能夠有助個人將其應用在各種生活情境、社會場域、學校教育類別與學習領域科目當中，以因應生活情境各種社會場域的必要而複雜之需求與挑戰（Rychen & Salganik, 2003），並且可以帶來效益。這種必要的特質，也就是身為一個人在做為人及在生活中行動，應有不因性別、種族或文化與社會脈絡差異的共同生活之原則（陳伯璋、張新仁、蔡清田、潘慧玲，2007）。這項核心素養必須具有「必要的」核心價值之選擇規準，合乎了本書上一章「核心素養的特質」之多元場域特質。

換言之，核心素養必須具有「必要的」核心價值，是個人發展與社會發展所必要而不可或缺的，也是個人與社會生活所必要而不可或缺的必要核心要件，這也進一步彰顯了本書下一章「核心素養的功能」所言，核心素養有助於個人發展與社會發展之功能；就核心素養之意涵而言，核心素養是「必要的」素養，是指每一個人都需要的素養，以完成個人之自我實現與發展、主動積極的公民、社會融入與就業（劉蔚之，2007），這是指「個人為了發展成為一個健全個體，必須因應生活情境需求所不可欠缺的必要素養，是指一個人平日的修養狀態，具

備某種知識、能力、態度等行動的條件（Stein, McHenry, Lunde, Rysst and Harstad, 2001）。「核心素養」是個人因應社會生活情境需求所不可欠缺的，協助個人具有處理生活情境所需要的知識、能力、態度等行動素養的必備條件，能夠協助個人在情境場合中，勝任所需的任務行動（Weinert, 1999）。

核心素養是發展成為一個健全個人所必要而不能欠缺的素養，是個人為了發展成為一個健全個體，必須因應生活情境需求所不可欠缺的必要素養。「核心素養」是所有社會成員共同必須具備的必要素養，而且是都應共同具備且居於最核心地位的必要素養。這種必要的理論構念，隱含了一個公理化的理論構念，所謂公理化是從歐幾里得（Euclid 希臘文Ευκλειδης）《幾何原本》（Elements）借用的理論構念。一個公理化的系統預設了一組有限數目的公理（axioms），其餘所有定理（theorems）都由這組公理依據推論規則推導出來（洪裕宏，2011）。考量一個人由學習而累積的知識、能力、態度組成的素養必定有相當的系統性，而且知識、能力、態度所組成的素養之間的確也存有比較簡單、比較基礎與比較複雜之區別，因此，核心素養的存在有其必要，素養需要按部就班的程序，從一組核心素養逐漸發展而來，應該是合理，若不假設最基礎的核心素養的存在，將難以解釋人類如何可能習得系統性的知識、能力、態度所組成之素養（洪裕宏，2008）。

個人參與許多不同層面的活動，為了運作良好或表現成功，以扮演國民、消費者、學生、雇員或雇主、家人等不同生活領域角色（Canto-Sperber & Dupuy, 2001），都必須具備的必要素養，以因應廣大生活情境、社會場域、學校教育類別與學習領域科目的個人生活的與社會生活的複雜需求；因此，「核心素養」具有「必要的」價值，有助於個人能有效地去探索並參與跨越多種不同生活情境的社會場域疆界，如經

濟層面、政治活動、社會關係、家庭生活、公共與私人人際關係以及健康休閒領域、各種學校教育類別與不同學習領域科目疆界等等；這代表「核心素養」具有「必要的」價值，不只是對某一特定生活情境、社會場域、學校教育類別與學習領域是重要的，「核心素養」是跨領域的，可以應用在許多不同的生活情境、社會場域、學校教育類別與學習領域之中（蔡清田，2011b; McLagan, 1997; Rychen & Salganik, 2001, 2003）。

換言之，就學習的範圍而言，「核心素養」是指「必要的」素養，也是生活之各面向所必須具備的素養。這也呼應了「聯合國教育科學文化組織」先後分別在1972年及1996年出版《學會發展》（*Learning to be*）與《學習：內在的寶藏》（*Learning: the treasure within*）兩份重要報告書，強調學習應該貫穿一生，核心素養的學習乃是水平的整合學習與生活，跨越家庭、社區、學習、工作、休閒及其他生活領域的學習歷程。特別是，聯合國教科文組織教育研究所（UNESCO, Institute for Education）在2003年所出版《開發寶藏：願景與策略2002-2007》一書提到，為適應社會不斷的變遷，現代人需必須具備「學會求知」（learning to know）、「學會做事」（learning to do）、「學會與人相處」（learning to live together）、「學會發展」（learning to be）、「學會改變」（learning to change）等終身學習的核心素養（Delors et al., 1996; UNESCO Institute for Education, 2003），而且為了能充分發展閱讀、思考、生活與創造能力，學習已經成為終身的持續歷程。

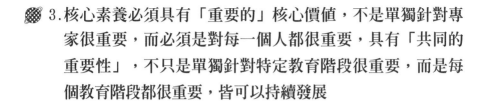3.核心素養必須具有「重要的」核心價值，不是單獨針對專家很重要，而必須是對每一個人都很重要，具有「共同的重要性」，不只是單獨針對特定教育階段很重要，而是每個教育階段都很重要，皆可以持續發展

「核心素養」必須具有「重要的」核心價值，不是單獨針對專家很重要，而必須是對每一個人都很重要（Rychen, 2004），具有「共同的重要性」（common importance），如同「聯合國教育科學文化組織」強調國民具備「核心素養」是國民的「基本人權」（UNESCO, 2004a; 2004b），對每一位國民均有其重要性，而非僅止於生手或專家，而且應該人人平等提供核心素養的學習機會，以協助其能持續學會。核心素養必須具有「重要的」核心價值之選擇規準，合乎了本書上一章「核心素養的特質」之多元場域、高階複雜、長期培育等特質。

換言之，「核心素養」必須具有「重要的」核心價值，核心素養必須是對每一個人都非常重要，必須是對每一個人的成功生活都非常重要，這也進一步彰顯了本書下一章「核心素養的功能」所言，「核心素養」有助於個人獲得成功的生活與建立功能健全的社會之功能。特別是，「核心素養」參考亦適用於弱勢團體，但是可能需要有較多的教育支持，以協助其能持續發展（OECD, 2005a; 2005b）。特別是，政府應積極促使每一位國民皆能夠具備與持續發展核心素養，例如歐盟強調個人在義務教育結束後，應該能夠適應勝任社會生活與成人工作生活，並且日後能繼續促進經由發展與更新的過程，在生活與職場中持續強化素養，而且政府必須承諾與確保為國民提供培育發展核心素養的平等機會，對於弱勢團體則需有較多的教育支持（SCADPlus, 2006）。換言之，政府需要創造出適宜國民發展核心素養的機會。核心素養的獲得與

發展，乃是每一位國民生活必需具備的重要權利，政府對此必須有全盤完善之政策規劃，促進國民在一生中能夠擁有適當的資源與機會，在各種社會與生活領域中持續發展核心素養（吳明烈，2005）。

是以，核心素養具有「重要的」基礎性（Rychen & Salganik, 2003），是指每一個國民之發展不可欠缺的共同重要素養，而且可以持續發展（OECD, 2005a, 2005b）。然而，不同社會文化背景可能導致不同的「重要」素養之開展與培育，是以，如何規劃選擇一套數量有限的「核心素養」，以有效地應用於不同國家的各種不同社會政治經濟文化生活需求之情境，便是課程規劃一大挑戰（Goody, 2001）。不同國家、社會、政治、經濟、文化、社群等生活需求之情境，代表不同的情境需求，但是這些不同差異，並不排除有其人類社會的共同願景與彼此分享的理論構念（Rychen & Salganik, 2003）。

例如，根據「能教學之適文化國民核心素養研究」（胡志偉、郭建志、程景琳、陳修元，2008），其研究發現指出：(1)我國國民心中的「國民核心素養」，各個社會族群存有差異性。(2)我國國民對「自己孩子」和對「他人孩子」的核心素養之理論構念也有所不同。(3)在不同的社會族群上，可區分出重視和不重視的內涵，他們彼此間會有重疊情形。(4)依據特定核心素養所發展的教學活動，將有助學生提升其核心素養。由於各個社會族群對國民的「核心素養」可能存有差異性，但是也有一定共識，如能經過審慎研究加以界定與選擇並進行充分溝通，要取得社會認同的一組國民核心素養應是可行的。因此，必須先針對素養加以界定，再進行核心素養的選擇，並就經過選擇出來的這一組重要的核心素養加以培育，可以做為制定教育政策、進行課程規劃、設計、教學實施與發展評量工具之依據（蔡清田，2011b; McLagan, 1997; Rychen & Salganik, 2001）。

　　另一方面，就教育階段而言，「核心素養」是為每一教育階段的繼續發展必須具備的重要素養，每一教育階段的「核心素養」，可以作為下一教育階段「核心素養」的基礎，可以逐漸加深加廣而持續發展。換言之，「核心素養」可從教育具有「重要的」核心價值來選擇核心素養，特別是教育的實施並不只限於學校，廣義的教育兼具正式教育－學校及非正式的－學校外的教育機構所發揮的功能。同時，不單指知識與能力的學習，甚至還包括了整個生活中所接觸到的所有事務學習，諸如品格、道德等等（Elkin & Scoltan, 1999）。這呼應「聯合國教育科學文化組織」先後在1972年及1996年出版《學會發展》與《學習：內在的寶藏》兩份重要報告書，強調學習應該貫穿一生，從個人出生到老年的學習歷程。例如「經濟合作與發展組織」所進行的「素養的界定與選擇」研究所提出三項核心素養，亦即，能自律自主的行動、能互動地使用工具溝通、能在異質性社群中進行互動，其「素養」的理論構念是著眼於整個教育體系、人力發展的共同架構（Rychen & Salganik, 2003），已不是單獨針對特定的教育階段（陳伯璋、張新仁、蔡清田、潘慧玲，2007），而是每個教育階段都很種要，而且皆可以持續發展，每一教育階段的核心素養，可以作為下一教育階段核心素養的基礎，可以逐漸加深加廣而持續發展（蔡清田，2008a; 2008b）。

　　每一教育階段的「核心素養」，可以作為下一教育階段「核心素養」的基礎，可以逐漸加深加廣而持續發展。是以「核心素養」養是一種動態理論構念（Callieri, 2001），「核心素養」可因學習經驗、指導而不斷提升而不斷成長與發展（Stoof, Martens, van Mrrienboer, & Bastiaens, 2002）。因此，「核心素養」的培養，必須重視學習情境之規劃設計（Lave & Wenger, 1990），以增進個人與生活情境環境脈絡的社會場域進行互動（Bourdieu, 1983），形成一種交互作用的動態素

養觀點（Oates, 2003）。誠如McClelland（1998）指出，不同生活情境的社會場域要求不同的「核心素養」內涵（Sen, 1985: 25-26、1992: 48-51），即使利用對某專業領域的優秀人士進行研究以建立特定「核心素養」的標準，也不能代表實務現場的最真實狀況，也未必能符合未來該生活情境社會場域的需求，由此更可說明動態「核心素養」的重要性（Haste, 2001），並與前述「核心素養」的理論構念之整體模式的「情境因素」相互呼應（Wolf, 1989）。

　　這一規準，反映了一種企圖增進社會均等而非維護少數菁英利益的政治立場（Ridgeway, 2001），其焦點在於強調素養是經由後天學習而獲得的，並不是先天遺傳的，而且人類適當而有意義的優質生活所必須具備的「核心素養」，是所有人都可以學習獲得的，而非僅限於少數天賦異稟的菁英之專利：是以應該運用所有可用而必要之資源，以協助所有國民，特別是協助那些目前還未獲得這些素養的國民，透過學習以獲得「核心素養」（Perrenoud, 2001）：進行這些核心素養的教育與培養，是合乎國家的利益，可擴展所有個人參與不同生活領域與社會場域的機會，可改善社會的整體生活條件，並有助於國民核心素養之發展與培育（OECD, 2005a, 2005b；Rychen & Salganik, 2003）。

　　「核心素養」必須具有「關鍵的」核心價值，不僅有助於個人開展潛能，而且可以產生經濟與社會效益（OECD, 2005a; 2005b）；其次，「核心素養」必須具有「必要的」核心價值，核心素養必須能夠有助於個人將其應用在各種社會生活領域當中，並且可以帶來效益；第三方面，「核心素養」必須具有「重要的」核心價值，不是單獨針對專家，而是對每一個人都很重要（Rychen & Salganik, 2003），具有「共同的重要性」，具有「重要的」基礎性，而且能持續發展，是個人發展與社會發展所不可欠缺的重要素養（OECD, 2005a, 2005b），可以逐漸加深

加廣而持續發展。是以「核心素養」之選擇最好「質精量少」，要合乎「關鍵的、必要的、重要的」核心價值，以選擇「個人開展潛能與產生經濟與社會效益所不可欠缺的核心素養」（蔡清田，2010b）。

「核心素養」不只是指「共同的」素養，更是「關鍵的」素養、「必要的」素養、「重要的」素養，是當代所有人獲得成功生活與功能健全社會的「關鍵素養」、「必要素養」或「重要素養」。一個人終其一生一定需要許許多多的素養，以因應各種社會生活之所需，「核心素養」指那些所有社會成員都應共同具備的素養，而且這些所有社會成員都應該共同具備的素養，可以再區分為比較「關鍵的」、「必要的」、「重要的」而且居於最核心地位的素養，以及由居於最核心地位的「核心素養」所延伸出來的其他相關素養（Diethelm, & Dorge, 2010），這些居於最核心地位的素養叫做「核心素養」。換言之，「核心素養」是代表社會成員所應該達成共同的素養，具有關鍵的、必要的、重要的、共同的特質，因此，核心素養是個人處於社會中所必須具備之「關鍵的素養」，是個人生活所需之「必要的素養」，也是現代社會公民的必備條件，更是社會國家發展所不可或缺的人力資本之「重要的素養」（OECD, 2005a; 2005b），不僅是社會成員所需具備之「共同的素養」，而且，「核心」最好「質精量少」，代表應該達成層次的最低共同要求（蔡清田，2011b；McLagan, 1997; Rychen & Salganik, 2001, 2003）。

如果不能合乎上述「關鍵的」、「必要的」、「重要的」核心價值規準，就不能稱為核心素養。換言之，「核心素養」係指每一個人所須具備的素養。特別是，核心素養是個人獲得成功生活與健全社會的「關鍵素養」、「重要素養」、「必要素養」，「核心素養」係指個人從事各種生活情境，所必須透過學習而能具備的各項素養。由於「核心

素養」是培育能自我實現與社會健全發展的高素質國民與世界公民之基礎，而且「核心素養」可以作為課程設計的垂直連貫與水平統整之經緯線，成為聯結普通教育和技術職業教育的一種核心樞紐，更可全方位的整合知識、能力與態度，以應用於生活情境之中（蔡清田，2011a；2011b；2011c）。是以「核心素養」不僅可以涵蓋幼兒園及國民中小學的「基本能力」、高中職的專門學科的「核心能力」與因應生活情境及就業工作任務所需的「關鍵能力」等用詞，又可超越其範圍，更可以彌補上述用詞在態度情意價值等層面的不足之處。

因此，「核心素養」是指無論學習者繼續求學深造或從學校畢業而進入社會職場時，必須獲得生活世界所須具備的「關鍵素養」、「重要素養」、「必要素養」，其重要性高於基本能力或一般素養（OECD, 2005a, 2005b）。特別是民主素養、科學素養、資訊素養等等「核心素養」能跨越生活的各種不同的多元社會場域疆界，各種核心素養必須能夠運用在不同的多元社會場域之生活情境，個人必須具備勝任扮演工作者、家庭成員與社區公民角色的能力（Quane, 2003）。每項「核心素養」都具有跨越生活的各種不同社會場域疆界，並跨越各級學校的主要學習領域課程科目內容疆界，能有效參與學校教育、勞動市場、政治過程、社會網絡以及家庭生活與學校學習等各種多元的社會生活場域層面，回應不同社會場域複雜需求之行動先決條件（Canto-Sperber & Dupuy, 2001; Weinert, 2001）。

然而，此種每一位國民所須具備的「核心素養」是不同於在此基礎之上的「專門素養」（special competence）（Diethelm, & Dorge, 2010; Sangji, 2007），「專門素養」（又稱專門職業素養或專門行業素養簡稱專業職能），如會計師或律師或醫師的專門職業之知識、能力、態度是某種特定職場需要的特定素養（specific competence），亦即專門素

養，可能是在校期間所學習獲得之專門領域學科核心能力或職業群科的專業能力或專業職能（賴春金、李隆盛，2011），這種專門素養或稱爲專門領域學群「核心能力」或職業類科「專業能力」或「專業職能」，亦可稱作進入特定職場的門票（陳柏霖、孟恬薪，2010）。

　　但是，值得注意的是，大學往往過度強調專門教育，重視知識與能力，但卻忽略態度的重要性，因此所培育的學生雖具有專門知識與能力，但卻乏適當態度之教育素養。例如：洪蘭教授在評鑑某國立大學醫學院時，發現學生學習「態度」差、上課遲到、在課堂上打瞌睡、吃泡麵、啃雞腿，或打開電腦看連續劇、趴在桌上睡大頭覺、打手機、傳簡訊種種「怪現象」，痛批學生「不敬業」、「尸位素餐」（中時電子報，2009/11/10）。上述這些頂尖大學醫學院學生的學習現象，似乎其透過專門學科的教導或許學習獲得專門知識與能力，甚至學習獲得所謂的「核心能力」，但似乎仍未學習獲得應有的學習「態度」，也未能學習獲得應有的「敬業態度」或「專業態度」，不配稱爲學習獲得現代國民所需要的「素養」與「核心素養」；難怪其日後畢業，可能成爲有知識、有能力、但欠缺「素養」，淪爲「執業態度不佳」或「有醫術、沒醫德」的醫生。這也難怪前任衛生署長楊志良先生多次痛斥部份醫院醫生詐領醫療健保費與拿藥商回扣陋習之「專業態度」不足或「敬業態度」不佳，甚至可說是欠缺敬業樂業的「專門素養」，這說明了個人有知識能力，但缺乏適當態度，可能欠缺自我要求的自主行動與有利於群體的社會參與等素養，可見「素養」是不等同於「能力」，個人有知識能力，但缺乏適當態度，可能會危害社會，甚至知識能力越強而缺乏適當態度，則其對社會的危害更大，可見「核心素養」是不等同於「核心能力」，不宜將「核心素養」簡化爲「核心能力」。

　　就此而言，強調社會群體成員所必須共同具備的「核心素養」

並不否認個別特定行業領域人員所需具備的「專門素養」（Sanghi, 2007），核心素養也並不是要取代特定行業的專門素養。然而，兩者仍有些差異存在，詳見下表2-1「核心素養」與「專門素養」之差異。

　　換言之，「核心素養」是社會群體成員共有的知識、能力與態度，是全方位的素養（OECD, 2005a; 2005b），專門素養是特定行業人員所具備的特定行業或專門職業的專門素養之知識、能力與態度；「核心素養」主要目的是強調社會功能以建立功能健全的社會，專業素養主要目的是強調個人具備特定行業所需的素養以加入特定專門職業團體（專門行業的專業團體）、以協助個人獲得成功的生活；「核心素養」主要任務是強調教育價值功能與過程本位的導向，專門素養主要任務

表2-1　「核心素養」與「專門素養」之差異

名稱	範圍界定	主要目的	主要任務	適用對象	實例
核心素養	社會群體成員共有的知識、能力與態度（全方位的素養）	強調社會功能以建立功能健全的社會	強調教育價值功能與過程本位的導向	社會群體中所有成員	語文素養、民主素養、科學素養、資訊素養、會開車且願禮讓、能自主行動、能參與社會、能溝通互動
專門素養	特定行業人員所具備的知識、能力與態度（特定行業的專門素養）（專門職業素養或專業職能）	強調個人具備特定行業所需的專門職業素養以加入特定專門職業團體、以協助個人獲得成功的生活	強調就業訓練價值功能與結果本位的導向	社會群體中的特定行業人員	能開車準時送貨、成功養殖水產品、成功研發新產品、能行銷工商百貨

是強調訓練價值功能與結果本位的導向；「核心素養」適用對象是社會群體中所有成員，專門素養適用對象是社會群體中的特定行業人員；核心素養實例是會開車且願禮讓、能自主行動、能參與社會、能溝通互動，專門素養實例是能開車準時送貨、成功養殖水產品、成功研發新產品、能行銷工商百貨，又如「人無笑臉莫開店，店無特色不開張，人無絕活不經商」的商人經營專業能力順口溜，展現了現代社會商人經營生意成為成功企業家所不能欠缺的「核心能力」。然而，值得特別注意的是，若是具備能生產製造或行銷食品的「專業能力」，但卻添加有毒的塑化劑而製造販賣黑心食品，則便是雖具有「核心能力」或「專業能力」，但卻是欠缺「核心素養」或缺乏「專門素養」的惡例（蔡清田，2011b）。

特別是「專門素養」，係在個人專業生涯發展中成功並完成每一項專業工作所需的知識、能力與態度價值觀。專門素養係透過學習獲得之專門領域學群「核心能力」或職業類科「專業能力」或「專業職能」等「專門素養」，並在專門行業的認知、情意和技能三項領域中能夠成功地履行任務的行為特質，並能達到某一專業的精通水準，這種專門領域學群「核心能力」或職業類科「專業能力」或「專業職能」等「專門素養」。

換言之，「專門素養」是專門行業的知識、能力、態度的應用，面對專門行業的特定情境時能採取審慎行動，並批判地檢視這些行動的後果。是以「專門素養」的核心能力，是不同於每一位國民因應當代社會生活所需之「核心素養」，但是專門行業所需的「專門素養」是建立在國民所需「核心素養」的基礎之上，並透過專門領域學科或職業群科的學習之獲所獲得的專業知識、能力、態度等專門素養。可見，核心素養與「專門素養」的核心能力是相輔相成，前者屬於個人發展的基礎，

後者則是個人專業發展的要件。一個人擁有厚實的核心素養，就能使自己的專業能力發揮加乘的作用。所以，一個人不能只有專業能力而沒有核心素養，也不能只有核心素養卻缺乏「專門素養」的核心能力。是以培養學生核心素養，是每一個教育工作者的責任。倘若能夠發展每一位學生都具有扎實的核心素養，將會奠定學生未來成功發展的基礎（吳清山，2011）。

　　總之，「核心素養」是每一個人獲得成功生活與功能健全社會的關鍵素養、重要素養、必要素養（OECD, 2005a; 2005b），是以如果只對某些特定社會成員而非每一個人都有幫助的，就不是核心素養，例如養殖貝類牡蠣水產對某些特定行業者可能是獲得成功生活的專業素養，這種專門素養是專門職業的專業能力或專業職能（賴春金、李隆盛，2011），是進入特定職場的門票（陳柏霖、孟恬薪，2010），是與專門工作相關或特定行業相關的「專門素養」，但是，這不是對每一個國民都是關鍵的、必要的、重要的核心素養（Rychen & Salganik, 2003），而是屬於特定行業領域的特定工作情境所需要具備的專業素養，不是所有每一位國民因應生活所必須具備的核心素養。特別是本章所述「關鍵的」、「必要的」、「重要的」這些核心素養的核心價值之選擇規準，合乎了本書上一章「核心素養的特質」之多元功能、多元場域、高階複雜、長期培育等等特質，是本書下兩章「核心素養的架構」與「核心素養的功能」的論述之基礎，作者將進一步加以論述。

第**3**章

核心素養的架構

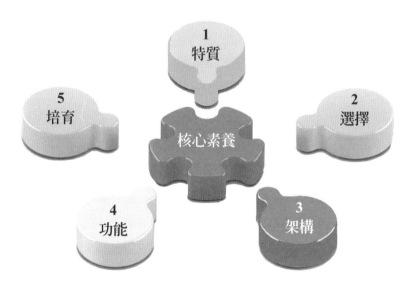

　　本章「核心素養的架構」是建立在前章「核心素養的選擇」與「核心素養的特質」等基礎之上，如下圖3-1「核心素養的架構」在《課程發展與設計的關鍵DNA：核心素養》一書中的組織結構系統圖像所示，旨在論述核心素養的理論構念之架構。特別是本章「核心素養的架構」所論述的「能自律自主地行動」（acting autonomously）、「能在異質社群中進行互動」（interacting in socially heterogeneous groups）、與「能互動地使用工具溝通」（using tools interactively）等三組核心素養，是回應並依據第一章「核心素養的特質」之多元面向、多元功能、多元場域、高階複雜、長期培育等「三多元一高一長」等五項特質的基礎與第二章「核心素養的選擇」之「關鍵的」、「必要的」、「重要的」選擇規準，而對於本章之後接下來的後續數章所要論述之「核心素養的功能」、「核心素養的培育」等有著重要影響。

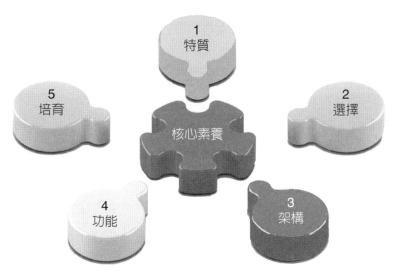

圖3-1　「核心素養的架構」在本書中的組織結構系統圖像

　　誠如本書上一章指出「核心素養」是指某些國家社會組織的所有成員都應該具備的共同素養，而且這些國家社會組織的所有成員都應該具備的共同素養，可以再區分為比較「關鍵的」、「必要的」、「重要的」而且居於最核心地位的素養。換言之，「核心素養」是代表社會成員所應該達成的共同素養，具有關鍵的、必要的、重要的、共同的特質，核心素養是個人處於社會中所必須具備之「關鍵的素養」，是個人生活所需之「必要的素養」，也是現代社會公民的必備條件，更是國家社會組織發展所不可或缺的人力資本之「重要的素養」（OECD, 2005a; 2005b），不僅是社會成員所需具備之「共同的」素養，也是「關鍵的」、「必要的」、「重要的」素養，是當代每一個人獲得成功生活與功能健全社會的「關鍵素養」、「必要素養」或「重要素養」，而且，「核心素養」最好「質精量少」（蔡清田，2011a；McLagan, 1997; Rychen & Salganik, 2003）。

　　本章「核心素養的架構」乃是就作者發表於《教育研究月刊》〈課程改革中的核心素養之架構〉一文加以調整更新、修正補充最新資料文獻，與先前發表期刊文章內容有所區隔，特別是系統性論述課程改革的「核心素養」之架構。本章旨在進行核心素養的因素分析並建立參考架構，亦即將「核心素養」分為幾個大類組，每一大類組再分為幾個群組，這些類組與群組可再加以分為幾個小類或幾個細類或細項指標。本章最主要是依據「經濟合作與發展組織」（Organisation for Economic Co-operation and Development，簡稱OECD）所進行的「素養的界定與選擇」（Definition and Selection of Competencies: Theoretical and Conceptual Foundations，簡稱DeSeCo）研究專案所界定之「核心素養的架構」（Rychen & Salganik, 2003），進行核心素養的「因素分析」，亦即將「核心素養」分為「能自律自主地行動」（acting autonomously）、「能在異質社群中進行互動」（interacting in socially heterogeneous groups）、與「能互動地使用工具溝通」（using tools interactively）等三大類組，每一大類組之下再各分為三群組，分別是「能自律自主地行動」之下的「能在宏觀開闊而圖像遠大的環境脈絡中進行行動」（acting within the big picture or the larger context）、「能規劃並執行生活的計畫與個人的人生計畫」（forming and conducting life plans and personal projects）、「能捍衛、維護與伸張自己的權利、利益、限制與需求」（defending and asserting one's rights, interests, limits, and needs）；「能在異質社群中進行互動」之下的「能與他人建立優質人際關係」（與人為善）（relating well to others）、「能與人團隊合作」（cooperating）、「能管理與解決衝突」（managing and resolving conflict）；以及「能互動地使用工具溝通」之下的「能互動地使用語言、符號與文本」（using language, symbols, and text interactively）、「能互動地使用知識與資訊」（using knowledge and information interactively）、「能互動地使用科技」（using technology interactively）（OECD, 2005a; 2005b）。

　　值得注意的是，此一「核心素養」的competency是competence的同義字，特別是各學術領域的學者往往以competence為「素養」之總稱，但在論述「核心素養」的「分類架構」時，往往以competency取代competence且做複數competencies使用，強調個人在不同的生活情境或工作任務要求下，需要各種不同的素養之展現，也展現核心素養之間的差異（劉蔚之、彭森明，2008；McLagan, 1997; Rychen & Salganik, 2001, 2003）。由此可見，就「核心素養的架構」而言，其最大問題在於很難形成共識。所以，界定與選擇「核心素養」的重點，不在於建立一套唯一標準之「核心素養的架構」，而是提供一套「參考架構」提供

個別學者或研究團隊或各個國家政府做為界定與選擇之參考，以便據此加以調整再次界定與選擇其「核心素養的架構」，使其「核心素養的架構」更具理論與實用價值（Hoffmann, 1999; Delamare-Le Deist & Winterton, 2005; Winterton, Delamare-Le Deist & Stringfellow, 2005）。

換言之，就「核心素養的架構」而言，界定核心素養的理論構念，其重點不在於建立一種唯一的核心素養，而是提供核心素養的「參考架構」，使其所定義的核心素養更能兼具理論與實用價值，而能適用於其情境脈絡之中（Stoof, Martens, van Mrrienboer, & Bastiaens, 2002），特別是協助個人獲得「優質生活」（good life）（Canto-Sperber & Dupuy, 2001），以獲得成功的個人生活，並進而建立功能健全的社會（Rychen & Salganik, 2003）。

特別是，「核心素養」（core competencies）並非質疑或否定其他「素養」（competency）的重要性，核心素養也不是企圖取代其他特定領域所需的特定素養（Rychen & Salganik, 2003, 54）。核心素養是一套個人看世界、看事物的架構（OECD, 2005a; 2005b），核心素養可提供個人一種深度思考、系統思考的習慣，能具備這一套核心素養才可以協助個人有效因應未來變動社會的複雜需求（王世英、張鈿富、吳慧子、吳舒靜，2009），有助於個人發展的自我實現與社會發展的凝聚團結，因此受到許多國際組織與東西方先進國家的重視（Beane, 1995; Jacobs, 2010; Pinar, 2011; Tsolidis, 2011; Young, 2011）。這些有關「核心素養的架構」之論述，都合乎了本書上一章「核心素養的選擇」之「關鍵的」、「必要的」、「重要的」核心價值，也是本書下一章「核心素養的功能」之論述基礎，核心素養具有「個人發展」自我實現以及「社會發展」的雙重功能，可以作為重要的教育目標來源，可從「成功的個人生活」及「功能健全的社會」來看待核心素養的功能，作者將進

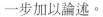

一步加以論述。

　　基於前述「核心素養」，是個人生活所必備的素養，也是現代社會公民的必備條件，「核心素養的選擇」必須合乎「關鍵的、必要的、重要的」三項條件：1.核心素養必須具有「關鍵的」價值，可以產生經濟與社會效益，而且超越特定「職業／工作」的工業社會經濟框架，進而擴及至終身學習、社會公民責任等各種「關鍵的」價值；2.核心素養必須具有「必要的」價值，必須能夠應用在各種生活情境、社會場域、學校教育類別與學習領域當中，並且可以帶來效益：3.核心素養必須具有「重要的」價值，必須是對每一個人都很重要，具有「共同的重要性」，已不是單獨針對特定的教育階段，而是幼兒園、國民小學、國民中學、高中職等每個教育階段皆可以持續發展。換言之，核心素養之規劃選擇要合乎「關鍵的、必要的、重要的」價值，以選擇規劃個人開展潛能與產生經濟及社會效益所不可欠缺的「核心素養」。是以，所謂的「核心素養」指的是一個人在特定的社會生活情境之中，能成功地滿足社會生活情境中的複雜要求與挑戰（Canto-Sperber & Dupuy, 2001），順利執行生活任務，強調個人在複雜的環境中，如何藉由自我的特質、思考、選擇及行動，來獲致優質的生活或成功的人生之理想結果。這呼應了嚴長壽（2011）所呼籲的鼓勵學校重視學生是否在傳統課業之外有團隊合作、實現夢想、忍受挫折的勇氣，有參與社會的熱忱、培養有感染力的領導風格，以及解決問題的能力素養，以培養有現代文明「素養」的國民。

　　特別是「經濟合作與發展組織」（OECD），此一國際組織由專責單位進行「核心素養」的長期研究，經過科學實證調查研究分析與多次研討會議，以凝聚共識，研究發展出國民的「核心素養」之多元層面與具體內涵，尤其是透過瑞士聯邦統計局（Swiss Federal Statistical

Office）主導負責推動（Rychen & Salganik, 2000），並與美國教育部
（U.S. Department of Education）的國家教育統計中心（The National
Center for Education Statistics簡稱NCES）以及加拿大統計局（Statis-
tics Canada）合作進行探究的「素養的界定與選擇」DeSeCo研究專案
所界定的核心素養三維論之架構範疇，分別是「能自律自主地行動」、
「能在異質社群中進行互動」與「能互動地使用工具溝通」（Rychen
& Salganik, 2003）。值得特別注意的是，此一研究專案的參與人員，
則廣泛地涵蓋了專家學者、政策決策者、實務工作者以及利害關係
人，其核心素養的整體研究制訂過程可謂為相當嚴謹，因此，其所提
出的「核心素養」之架構與具體內涵，不僅具有公信力，也深受世界
各國政府與學者專家的肯定，並且逐漸成為「國際學生評量計畫」the
Program for International Student Assessment（PISA）之重要內涵，
具有課程發展與設計之參考價值（蔡清田，2011b ;Rychen & Salganik,
2001, 2003）。

　　「經濟合作與發展組織」所進行的「素養的界定與選擇」DeSeCo
研究專案所界定與選擇的這三組核心素養的理論構念之架構，1.是採用
歸納的途徑，根據各學術領域理論，透過科際整合加以統整歸納，建立
「核心素養」的理論構念之架構（Rychen, 2001）；2.這三組核心素養
理論構念之架構內涵，是因應人類「優質生活」所需的核心素養（Ry-
chen & Salganik, 2003）；3.這三組核心素養理論構念之架構內涵，各
有其所「強調範疇」的重要焦點（OECD, 2005a; 2005b）。茲分述如
次：

1.根據各學術領域理論，透過科際整合加以統整歸納，建立核心素養之架構

「經濟合作與發展組織」（OECD）所進行之「素養的界定與選擇」DeSeCo所界定的核心素養三維論之架構，嚴謹地界定「能自律自主地行動」、「能在異質社群中進行互動」、「能互動地使用工具溝通」，這三個類組（three categories）的核心素養（Rychen, 2003, 85），每一個類組的「核心素養」，又涵蓋了三項具體的核心素養內涵，這些核心素養的架構與內涵是彼此緊密關連，構成一個嚴謹的「核心素養架構體系」（OECD, 2005a; 2005b）。這是採用歸納的研究途徑，根據各學術領域學者專家的所界定與選擇的核心素養之理論構念而來，並透過科際整合的方式加以統整歸納，以界定並選擇現代世界所需要的「核心素養」理論構念之架構與內涵。這三組核心素養是綜合歸納核心素養各學門理論依據的學者學術理論而來（蔡清田，2011b ;Rychen & Salganik, 2001, 2003）。

例如：歸納整理了Canto-Sperber與Dupuy（2001）所指出的「優質生活」（good life），Ridgeway（2001）所呼籲的「能參與組成社群並且有效地運作」（the ability to join, form, and function effectively in social groups），Perrenoud（2001）所強調的「自律自主的行動者」（autonomous actor），Haste（2001）所發展的「工具使用者」（tool user）模式，而且也改進了過去研究所謂個人、社會、空間與時間的多面向公民資質（Cogan & Derricott, 1998），並增加了資訊社會所需的「能互動地使用工具溝通」之重要公民資質（Haste, 2001; OECD, 2010; Rychen & Salganik, 2003; Schleicher, 2008; Trier, 2003）。其他不同學術領域的學者專家也有相類似的學理主張，這些理論構念的理據，

具有超學科的特質，當然這些不同學術領域的觀點也都經過進一步加以修正調整與融合，跨越各學術領域的觀點（OECD, 2005a; 2005b），並具備多種面向組合的綜合「整體」、同時具備促進「個人發展」與「社會發展」之多元功能、具有橫跨各種社會場域與學習領域之廣度、牽涉到反省思考及行動與學習的高階心智複雜性之深度、透過長期培育等等前述「三多元一高一長」的核心素養之特質。

🏁 2.這三組核心素養理論構念之架構內涵，是因應人類優質生活所需的核心素養

「能自律自主地行動」、「能在異質社群中進行互動」、「能互動地使用工具溝通」，這三組核心素養是以人為主體，重視人在生活情境之中的行動與互動，強調自我實現的行動、社會發展的互動以及互動地使用工具，是個人處於社會中的關鍵素養，是個人生活所需之必要的素養，也是現代社會公民的必備條件，更是社會國家發展所不可或缺的重要素養，可以因應複雜生活情境的任務之所需，以營造優質之生活。特別是這三個類組的核心素養，是因應前述的人類「優質生活」所需的核心素養（Canto-Sperber & Dupuy, 2001），而不只是一般「基本生活」所需之素養。一般「基本生活」所需之素養是能自己行動、能與他人互動、能使用工具溝通，但是當代生活環境脈絡情境所需要的心智複雜性之核心素養，就不只是「行動」（act），而是要採取反省思考、負責任與積極主動的行動，亦即「能自律自主的行動」（acting autonomously），也不只是能使用工具而已（using tools），而是要進一步「能互動地使用工具溝通」，也不只是能與他人互動而已（interact with others），而是要「能與異質性的社群進行互動」（OECD, 2005a; 2005b）。茲將「基本生活」所需之素養與「優質生活」所需之核心素

養，列表3-1對照如下：

表3-1 「基本生活」所需之素養與「優質生活」所需之核心素養

生活型態／素養類型	行動	他人互動	使用工具
1「基本生活」所需之「素養」	1能自己行動	2與他人互動	3能使用工具
2「優質生活」所需之「核心素養」	1能自律自主地行動	2能在異質社群中進行互動	3能互動地使用工具溝通

　　這三組「優質生活」所需之核心素養，相互關連且同時各有其重點的範疇，提供了核心素養的選擇依據與理論基礎。「能自律自主地行動」強調學習者自己具有自律自主的之行動；「能互動地使用工具溝通」，強調學習者能使用人與物的工具，以便與世界宇宙產生互動；「能在異質社群中進行互動」強調學習者個人與社會的人際互動，尤其是與不同族群、不同文化背景、不同價值的他人之間互動（White, 1959）。

3.這三組核心素養理論構念之架構內涵，各有其所強調範疇的重要焦點

　　「經濟合作與發展組織」（OECD）所進行的「素養的界定與選擇」DeSeCo研究專案所界定的核心素養三維論之架構範疇，分別是「能自律自主地行動」、「能在異質社群中進行互動」、「能互動地使用工具溝通」（OECD, 2005a; 2005b）。

　　這三組「優質生活」所需之核心素養的重要理念，是建立在有必要去瞭解個人與社會的關係是辯證的、動態的、關係十分密切的基礎之上，而且其所謂的工具（tool）是一種廣義的器物（instrument），工

具可以提供個人與環境之間主動對話的媒介，而環境是指社會場域所建構而成的大環境脈絡情境，而且這三組關鍵的核心素養，意涵個人必須去因應生活情境需要而進行反省思考及行動與學習的調適過程，也與人類高階心智發展之演化進化模式有著密切關係（蔡清田，2011b; Rychen & Salganik, 2003）。

　　如圖3-2「DeSeCo核心素養架構範疇與關聯」之所示，這三個類組（three categories）的核心素養（Rychen, 2003, 85），彼此不同但是有彼此關聯，都是理想類型，可以提供核心素養理論構念的一種基礎，也反應「經濟合作與發展組織」的精神價值，強調在尊重個別會員國各自不同的社會生活情境及多元文化傳統的大前提下「多元差異中的統整」（united in diversity）之同盟精神價值，以協助各會員國規劃可能的核

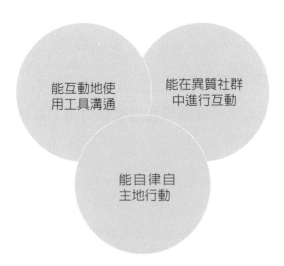

圖3-2　DeSeCo核心素養架構範疇與關聯

資料來源：*The definition and selection of key competencies*: Executive Summary. (p.5), by Organization for Economic Co-operation and Development, 2005b, Paris: author.

心素養，並藉由連結到更寬廣的理論基礎，以增進其在不同情境的解釋力。這三組相互關連且同時各有其重點的範疇，提供了選擇核心素養的理論依據與學理基礎。「能自律自主地行動」，其焦點強調個人（individual）相對的自律自主性（relative autonomy）與自我認同主體（identity）；「能互動地使用工具溝通」，其焦點強調個人能使用物質的（physical）與社會文化的（social-cultural）工具（包括語言與傳統學術科目），以便與世界（world）產生互動；「能在異質性的社群中進行互動」，其焦點強調個人與他人（others）的人際互動，尤其是與不同族群、不同文化背景、不同價值的他人之間互動（OECD, 2005a; 2005b）。

　　這三個類組的核心素養，代表個人能發展出一種更高水準的心智複雜性，是個人能在當代生活中成功的行動之條件。這一套三組的核心素養，就如同每一個人心靈聖殿的支柱，「自律自主的行動」，是指探究社會空間的心智歷程，以處理多元差異並且承擔起行動的責任，同樣地，「能在異質社群中進行互動」、「能互動地使用工具溝通」，也都是代表個人能發展出一種更高水準的心智複雜性，以因應當代社會的複雜需求。核心素養是一種有理論根據的理論構念，其建構的核心素養，可以協助個人基於生活環境脈絡情境的需求，激發個人內部情境的社會心智運作機制之認知、技能、情意等等行動先決條件，以展現主體能動者的行動，並能成功地因應生活情境的複雜任務要求之一種整體因應行動體系，特別是協助個人採取積極主動而且負責任的行動，以因應生活情境的複雜任務要求（OECD, 2005a; 2005b）。

　　此處所描述的核心素養，是與個人所處的環境情境脈絡關係密切，而且是同時建立在包括認知與非認知的層面之上，而且個人若要能成功地因應並管理所處情境的複雜需要（蔡清田，2011b），就必須具

備這些素養並且能夠採取反思的立場與批判的途徑，有必要再一次強調，這些核心素養每一項都不需要非常高水準的認知智能或高水準的教育階段程度。這些成功展現個人內部情境之心智運作機制先決條件的行動素養（Canto-Sperber & Dupuy, 2001），包括了問題解決的能力與批判思考的技能，這些行動素養也都是實踐智慧的形式，能夠協助個人去掌握問題的相關特質並去選擇與應用一種適當的策略（OECD, 2005a; 2005b）。如表3-2所示，這些核心素養，是以民主、尊重人權與永續發展等核心價值作爲參考架構，個人可以發展出反省思考及行動與積極主動的行動，以因應當代社會生活的複雜需要，並且可以應用到生活當中的許多社會場域，並且可以跨越國家界線（蔡清田，2011b;Rychen & Salganik, 2003）。

表3-2　DeSeCo核心素養三維論之層面與具體內涵

核心素養層面	核心素養具體內涵
A能自律自主地行動	A1能在宏觀開闊而圖像遠大的環境脈絡中進行行動 A2能規劃並執行生活的計畫與個人的人生計畫 A3能捍衛維護與伸張自己的權益、限制與需求
B能在異質社群中進行互動	B1能與他人建立優質人際關係 B2能與人團隊合作 B3能管理與解決衝突
C能互動地使用工具溝通	C1能互動地使用語言、符號與文本 C2能互動地使用知識與資訊 C3能互動地使用科技

資料來源：研究者自行整理

(1)「能自律自主地行動」

首先，「能自律自主地行動」（Haste, 2001），是重要的核心素養，具有前述「關鍵的、必要的、重要的」核心價值的三個條件之外，其能成爲核心素養的主要原因（reason why）有三點，第一個原因是個人需要在複雜世界當中瞭解自我的認同主體並設定努力的目標，第二個原因是個人也需要運用自己的權利並且承擔責任，第三個原因是個人也有必要去瞭解自己所處的環境及其運作的功能，因此，「能自律自主地行動」是一種重要的核心素養（OECD, 2005a; 2005b），這種自我的認同、應享的權利與應盡的責任及義務，也是國際公認的二十一世紀公民資質（Cogan & Derricott, 1998）。

其次，「能自律自主地行動」的核心素養，其強調的焦點有三個重點，其一是，個人（individual）的相對自律自主性（relative autonomy）與自我認同主體（identity），是指人格發展與決定、選擇與行動的相對自律自主性（Haste, 2001），並強調個人具有掌握大環境脈絡情境格局的遠大圖像視野，以便與外在世界產生互動（White, 1959）；其二，能自律自主地行動，並非意指個人在社會中孤立行動（Rychen, 2003），而是指個人對於其所處環境脈絡情境的動態過程以及自己在所處環境脈絡情境中扮演角色，包含實際扮演的角色與想要扮演的角色之覺察，個人必須有自律自主的權力，以有意義與合理的方式去經營自己的生活與工作情境條件；其三，個人必須能夠自律自主地行動，並且進行承擔負責與反思的行動，才能有效參與社會、政治、經濟等層面的發展，享有完善的個人生活，並在個人不同的生活面向，如工作、家庭、社交與公民生活中，扮演恰如其分的角色行動，享有優質的個人、工作、家庭、以及社會生活。換言之，要能自律自主地行動，個人必須

反省其價值與行動，獨立地發展其身分認同，也必須自行作選擇，而非僅是人云亦云（陳伯璋、張新仁、蔡清田、潘慧玲，2007）。

　　現代社會不同於傳統社會，個人的身分定位已不再具有穩定性，因此能自律自主地行動，便顯得格外重要。例如，現代個人必須建立其自己的身分認同，以塑造其生活的意義，並且界定其在生活中定位的方式。能自律自主地行動是個人在團體中生存的一種方法，也是與人合作的重要關鍵，就個人的主體性而言，個人能夠知覺、經驗、選擇、規劃與行動，並展現出能自律自主地行動（Haste, 2001），就個人的客體性而言，是指個人的知覺、經驗、選擇、規劃與行動等等都是可以成為反省思考的對象，反省思考是一種將主體當成客體的複雜思考轉化的個人內部心智運作機制歷程，將所知的要素轉化成為可以反省思考、可以處理、可以仔細端詳斟酌考量、可以推論其關係、可加以掌控、可以內化、可以同化、可以運作的對象，主體則是我們的認同體、連體、合體之所在（Kegan, 2001）。

　　個人能夠負責本身的生活管理，在廣泛的社會環境脈絡中，處理好個人生活以及自律自主地行動。個人必須一方面瞭解本身所處的環境脈絡、社會動態、個人所扮演的角色並要善加扮演；個人必須能夠自律自主地行動，有效能的參與社會發展，並且能夠在各種生命階段、社會生活場域、家庭生活與社會生活中運作良好。自律自主地行動在現代世界中尤為重要，個人必須建立自我的認同，並賦予生命的意義（王世英、張鈿富、吳慧子、吳舒靜，2009）。

　　換言之，能自律自主地行動與能在異質社群中進行互動，是互補的一體之兩面。能自律自主地行動不同於個人的單獨行動，在生活世界中，能有效地行動並非社會疏離，也並非是為自我利益而行動。例如成熟的個人其思想可以自由不受限制，但行動要自律自主（Haste,

2001），因此，前述洪蘭教授批評醫學院大學生生上課吃泡麵或睡覺打呼，會影響到教師的教學和同學的上課情緒，的確應該反省檢討。每一個人在生活中扮演多種社會場域的角色，這些不同角色都提供個人的認同與個人意義。然而，和與他人的關係之中，根據他人的期望而去行動與根據自我導向的規準而去行動，兩者之關係，是有一些重要的差別，前者是關係導向中的一環，後者是連結的工具是自律自主的（蔡清田，2011c）。

再次，就「能自律自主地行動」的核心素養之界定而言，能自律自主地行動是指個人對於未來有其定向，並能察覺其所處社會環境的動態與個人所扮演的角色。此外，能自律自主地行動（Haste, 2001），也是指有效地參與社會的發展，參與社會的、經濟的、與政治的制度、參與決定歷程，並且在職場、個人的生活、家庭生活、公民的與政治的生活等等不同生活場域中都能健全地運作（OECD, 2005a; 2005b）。此素養假定個人具備優質的自我概念，並且能夠將其需求透過決策、選擇，以及行動的程序付諸實踐（陳伯璋、張新仁、蔡清田、潘慧玲，2007）。特別是，「能自律自主地行動」，此一核心素養的界定，意指個人被授權增能以探索社會空間，並藉由掌控其生活與工作情境條件，此一界定，具有四個重要意義，其一是以有意義的與負責任的方式來管理其生活，其二是主動的行動而非被動的行動，其三是去形塑而非被形塑，其四是去選擇而非被選擇（McLagan, 1997; Rychen & Salganik, 2001）。

「能自律自主地行動」，此一核心素養，尚且包括了兩個主要相關的理念，一是界定自我與發展個人的認同與價值系統，另一個是在適當情境脈絡中進行選擇、決定與扮演一個積極主動的、反省的、負責任的角色並展現出相對的自律自主性（Haste, 2001）。因此，個人需要具備

某些素養，以協助個人獲得授權與能，以發展並表達自我感、展現權力與承擔公民、工作者、家人、學習者、消費者等等不同生活場域角色的責任。能自律自主地行動，此一核心素養的價值系統，主張自律自主地行動是個人認同的基礎，能自律自主地行動與發展個人的認同，兩者是彼此相互增強相得益彰（Perrenoud, 2001）。然而，有時候社會化的歷程可能會阻礙了個人的相對自主性，會發生此種現象，可能是來自許多不同的原因與情境脈絡，例如可能是某個社會場域如國家所屬的軍隊或某些國營工業生產部門就欠缺自主性；或者是價值系統的混淆，例如順從、謙虛或統一；或者是新進人員缺乏自主性。因此，自主性，是一種相對的自律自主性，是指在每個社會組織或社會場域的限制範圍內使個人具有相對的自律自主性（蔡清田，2011d）。

　　一般而言，「能自律自主地行動」，此一核心素養，需要導向未來能自律自主地行動，此一素養與一種有意義的個人人生計畫，並瞭解自己所處的環境及其運作的功能，諸如瞭解社會的動態性及其所蘊含的特定挑戰，以及個人所扮演以及所要扮演的角色。此種核心素養，假定個人擁有一個健全的自我概念，並且具有能力去將需要欲望轉化為意志的行動，亦即，決定、選擇與行動（OECD, 2005a; 2005b）。

　　第四，就「能自律自主地行動」的核心素養之範疇而言，這類負責任的及反省方式的自律自主地行動之核心素養，是指個人能有效地參與社會、政治、經濟等層面的發展，並在不同的生活面向，例如：工作、家庭與公民生活中，扮演恰如其分的角色行動，享有優質的個人、工作、家庭，以及社會生活。這類核心素養的範疇包括：「能在宏觀開闊而圖像遠大的環境脈絡中進行行動」（acting within the big picture or the larger context）；「能規劃並執行生活的計畫與個人的人生計畫」（forming and conducting life plans and personal projects）；「能捍衛、

維護與伸張自己的權利、利益、限制與需求」（defending and asserting one's rights, interests, limits, and needs）（Rychen, 2003）。

①能在宏觀開闊而圖像遠大的環境脈絡中進行行動

「能在宏觀開闊而圖像遠大的環境脈絡中進行行動」，此一核心素養是指個人能夠瞭解與考慮其行動與決策的整體情境脈絡；也就是說，個人能夠考慮到他們自己與社會規範、社會經濟制度，以及過去經驗之間的關聯性。此項核心素養的行動，涉及了理解並考量「宏觀開闊而圖像遠大的環境脈絡」，亦即，個人行動的社會經濟、歷史文化之較遠大的環境脈絡，個人要瞭解環境脈絡如何運作以產生功能、個人在其中的地位、所要處理的議題、個人行動的長期與間接結果，以及行動時都會考慮到所有這些影響因素。此一理念，在某種程度上，就如同是一般所謂的「全球化」的國際思維與「本土化」的在地行動（蔡清田，2011f）。

「能在宏觀開闊而圖像遠大的環境脈絡中進行行動」，要求並協助個人去發展並建構與維持其行動的連貫性。在許多個案當中，宏觀開闊而圖像遠大的環境脈絡是指全球系統。在其他案例當中，是指個人所處的社會或特定的社會場域，諸如所屬的社群組織或工作職場。在任何一個此種環境情境之中，個人必須超越其短暫立即性的情境，而能考慮到其行動的較為長程與久遠而較為間接的結果，並且超越他自己的立即需要與當下利益，而能考慮到他們身邊的其他人之權益與福祉（Rychen & Salganik, 2001）。

「能在宏觀開闊而圖像遠大的環境脈絡中進行行動」，此項核心素養的行動，可以協助個人從較大的全球觀點來看待其角色與行動結果所在的歷史文化或環境脈絡。此種「能在宏觀開闊而圖像遠大的環境

脈絡中進行行動」，在社會生活情境之中，如能確保個人能以一種公平正義的、負責任的方式，採取行動，將會是有幫助的。儘管如此作，有可能是需要個人付出努力花很多力氣，並作出很多犧牲，又帶來不方便而且可能沒有立即的效果，而且如果沒有如此作的話，又可能沒有或很少的影響或不存在。有許多此種行動的例子，包括投票、資源回收、或者購買「公平交易」（fair trade）的產品。在工作職場之中，或其他集體行動之中，「能在宏觀開闊而圖像遠大的環境脈絡中進行思考與行動」，可以激勵個人去重視其對團體所做的整體功能貢獻之影響，儘管他們的特定任務與責任是相對地不被重視，或者，必須經過一定時間之後，其集體努力結果的影響才會被察覺或感受到（Rychen & Salganik, 2003）。

「能在宏觀開闊而圖像遠大的環境脈絡中進行行動」，此項核心素養的行動，所需要的是類似所謂的「行動系統的概念藍圖」（conceptual blueprint of the system of action）（Perrenoud, 2001），「能在宏觀開闊而圖像遠大的環境脈絡中進行行動」當中，其主要的步驟與技術能力可能包括：

- 理解該系統的類型、結構、文化、實務、正式與非正式的規則、角色及期望（Stein, 2000）：包括理解法令規章與相關規定，以及一些未寫成書面文字的社會規範、道德風氣、倫理守則、禮節、態度舉止，以及約定信條，這可以進一步地協助個人更瞭解其個人的權力與行動之限制。
- 決定個人在該系統中所要扮演的角色以及其他人所扮演的角色：這涉及了辨識其行動所產生的直接與間接之結果，以及個人的行動與他人的行動之間的關係。
- 預先看見多種不同的行動歷程及其結果，並且根據共同的規範與

目標以評估其各種不同的可能性；同時，反省行動對於個人與社會規範和目標的影響，並據此在不同的行動方案間進行選擇。

‧監控該系統，預測其變革，以個人最大能力範圍去控制行動的效果，並且在行動的過程中，重新調整其預測與行動計畫（Haste, 2001; Perrenoud, 2001）。

②能規劃並執行生活的計畫與個人的人生計畫

「能規劃並執行生活的計畫與個人的人生計畫」，此一核心素養，包括界定方案與設定目標，辨識和評估個人可取得的資源與個人需要的資源（例如時間和金錢），將目標訂定優先順序並加以修正，在所需資源間取得均衡以達成多元的目標，從過去的行動中吸取教訓，預測未來的成果，監控進展，在過程中進行必要的調整（McLagan, 1997; Rychen & Salganik, 2001）。

「能規劃並執行生活的計畫與個人的人生計畫」，是一項必要的核心素養，本文所描述的人類優質生活規範架構，主張每一個人都有義務、目標與夢想，意指每一個人必須、應該或想要實現達成的成就（Canto-Sperber & Dupuy, 2001）；換言之，此一核心素養是指個人能夠在不斷變遷的環境中組織其生活，並且賦予生活的意義與目的。此外，個人必須對其未來具有定向，而不能只是樂觀的表現與潛能的發展，個人必須具備穩固的基礎來達成其目標，例如：找到新工作、生涯、住家、學習新的技能、旅行、改進當地社區（OECD, 2005b）。

每一個目標都會要求個人去發展一個新的理念或者一個計畫，以便加以實現達成，不論該計畫是非正式的或正式的、簡單的或詳細的。如果以某一特定方案與計畫為焦點，很重要的是個人要去瞭解他們並不是彼此孤立不相關的。所謂個人的自我認同與自尊心，是建立在個人生

活所創造經驗的連續性之上。個人必須將生活是唯一一種有組織的敘事並賦予意義與目的，這在一個變動環境中的生活經常是被干擾打斷而支離破碎的情境之下，是有其特別的意義，特別是在當代世界生活中的傳統道德架構已經失去原有的影響力。其結果，個人不只需要去建構個人計畫與目標，也必須確保這些個人的生活計畫是有意義的，而且應該與較遠大的長程人生計畫彼此一致（McLagan, 1997; Rychen & Salganik, 2001）。

　　「能規劃並執行生活的計畫與個人的人生計畫」的核心素養，是一種導向未來的取向，同時蘊含著樂觀積極主動與潛能的發展。同時，這也需要建立在一種可行範圍之內的堅定基礎之上，亦即要能指出並評估個人所擁有的資源管道以及其所需的資源，例如時間、金錢、以及其他資源，並且選擇適當的方法途徑去實踐該計畫。這代表個人必須將其目標排列優先順序，並將其方法途徑加以精緻化，並以有效率與有效能的方式去應用其資源。換言之，均衡地應用個人所能獲得的資源，以因應多元的需求、目標與責任（OECD, 2005a; 2005b）。「能規劃並執行生活的計畫與個人的人生計畫」，個人需要從過去的行動經驗當中獲得學習，同樣地個人也需要仔細考量未來的結果。此種導向未來的取向，必須自然而然地建立在過去行動與經驗的基礎之上。一旦規劃發展出計畫與行動策略，就必須監控該計畫的進展，進行必要的調整因應，而且評鑑其計畫的效益，這些也都成為「能規劃並執行生活的計畫與個人的人生計畫」的核心素養之重要活動了（McLagan, 1997; Rychen & Salganik, 2001, 2003）。

　　「能規劃並執行生活的計畫與個人的人生計畫」的核心素養，可說是歐美等各國政府所普遍強調的核心素養（Trier, 2003），其相似或相關的素養之用詞包括：芬蘭所強調的「自我管理」、「自我導向學習與

工作」、「能評估如何處理新工作」、「能評估並分析自我的能力與學習過程及結果」；德國所強調的「自我導向學習」；挪威所強調的「能規劃並組織自我的工作與學習歷程」；瑞士所強調的「有效的自我管理」、「學習與工作、規劃、能力轉化、精緻化、監控、毅力、評鑑能力等等策略性的素養」；美國所強調的「時間、金錢、物資、空間、以及人員等分配」以及「創造並追求願景與目標」等（Rychen, 2003）。

③能捍衛、維護與伸張自己的權利、利益、限制與需求

為了能獲得選擇權並進行選擇、因應需要並且承擔責任，「個人必須經常不斷地捍衛、維護與伸張自己的權利、利益、限制與需求」（Perrenoud,2001）。無論是涉及高度結構性的法律事務，或是日常個人自我利益的維護，此一核心素養均極為重要。雖然權利是受到法律或其他社會規範所保障的利益，法律和契約已保障許多的權利和需求，例如：人民有言論、出版、秘密通訊、信仰宗教、集會及結社等自由，責任則是指個人在社群團體中應盡的義務（Elkin & Scoltan, 1999）。但最終仍需靠個人去辨識、評估、並且主動的維護與辯護其自我（或他人）的權利、需求、以及利益（蔡清田，2011g），這種能捍衛維護與伸張自己的權利、利益，並應盡的責任及義務，也是國際公認的二十一世紀的國民核心素養與公民資質（Cogan & Derricott, 1998）。

在現代社會當中，特別是當個人的權利、利益、與需求，經常與他人的權利、利益、與需求，產生相互衝突；或者是個人面臨了越來越多的重要決定與功能，以及逐漸加重的責任負擔；或者是管理這些衝突、決定、與衝突等等規則越來越複雜之時，「能捍衛、維護與伸張自己的權利、利益、限制與需求」是個人能自律自主的行動中非常重要的核心素養（OECD, 2005a）。此一核心素養，與下面兩種素養是有密切相關

的，亦即，「自我導向的權利（例如同工同酬）與需求（例如適當的健康照顧）」，以及「個人是團體中的成員之權利與需求」，例如主動參與民主制度以及地方及國家的政治歷程（Rychen & Salganik, 2003）。

　　「能捍衛維護與伸張自己的權利、利益、限制與需求」，此一核心素養，是與高度結構化的法律事務以及日常所需的果斷力，是有密切相關的。特別是人類同時在公共生活與私人生活，例如在家庭、親友、雇主與顧客、工作伙伴、師生、鄰居、律師、醫生、公司企業、服務提供者以及政府等社會場域，都需要此種核心素養。此種核心素養，包括瞭解個人自我的利益例如選舉、知道事務運作的規定和原則、建構論點使其需求與利益能被辨識、建議處理方式或替代方案等。

　　個人通常都需要透過法律、契約、以及其他政府的官方文件來建立並保護其權利、利益與需求（蔡清田，2011b），此一項事實，並不能減輕個人必須自律自主的行動之責任。就法律而言，法律也只是一種資源，這仍然有待個人親自去指認並評估其權利、利益與需求，必要時要透過研究，並且積極主動地「能捍衛、維護與伸張自己的權利、利益、限制與需求」。此一核心素養的培養與發展，能使個人獲得增權與賦能，同時確保個人與團體的權利（Perrenoud, 2001），以及確保其有尊嚴地存在，並獲得其生活更多的控制權。而「能捍衛、維護與伸張自己的權利、利益、限制與需求」，此一核心素養，代表個人能夠將自己視為可以承擔責任的行動主體，並且負起責任以承擔國民、家人、消費者與工作者等社會場域不同角色之責任（Rychen, 2003）。

(2)「能在異質社群中進行互動」

　　首先，「能在異質社群中進行互動」，是關鍵的核心素養，具有前述「關鍵的、必要的、重要的」價值的三個條件之外，其能成為核

心素養的主要原因（reason why）有三點，第一個原因是個人需要處理多元社會（pluralistic societies）的多樣差異性（diversity），其第二個原因是個人需要具有同情理解能力，其第三個原因是與他人建立團隊合作關係，其第四個原因是建立適宜的人際網絡以累積社會資本。因此，「能在異質社群中進行互動」是一種重要的核心素養（OECD, 2005a; 2005b）。特別是在日益相互依賴的世界中，個人必須能參與社群互動（White, 1959），進而能從廣泛的環境脈絡中對他人有更深刻的認識。個人有必要發展與異質性社群互動的核心素養，這是一種社會能力與跨文化素養，而且此種一方面重視個人的權利（Perrenoud, 2001），另一方面同時強調個人要積極主動參與公共事務，接受基本的社會價值，盡其在團體中應盡的責任及義務，也是國際公認的二十一世紀公民資質（Cogan & Derricott, 1998）。參與（participation）在系統理論稱「融能/協作」（synergetic），倫理學稱「團結」（solidarity），教育學稱「合作學習」，參化本身偏向美學的意涵，義理上接近儒家所謂「參贊化育」、莊子所謂「與萬物遊」、禪宗的「空樂不二」（馮朝霖、范信賢、白亦方，2011）。

　　其次，「能在異質社群中進行互動」的核心素養，其焦點強調個人與他人（others）的人際互動，尤其是下列三種異質互動，一是與不同族群的他人之間互動，二是與不同文化背景的他人之間互動，三是與不同價值的他人之間互動。在一個關係日趨密切且相互依賴的全球化的世界之中，個人必須能夠參與社會群體的互動，進而能夠從廣泛的環境脈絡中，對他人有更深刻的認識。有鑑於個人需要處理多元文化社會的多樣性，並且與他人建立團隊合作關係，以及建立適宜的人際互動網絡關係以累積社會資本，個人有必要發展與異質性社群互動的核心素養，這也是一種社會能力素養與跨文化素養（王世英、張鈿富、吳慧子、吳舒

靜，2009）。

再次，「能在異質社群中進行互動」，此種核心素養的界定，是指適應多元文化、多元價值與多族群、多種族、多宗教等異質社群的素養。此一類組的核心素養，是指個人有必要學會和其他人一起生活與工作的素養，與此素養相關的常見用詞包括與其他人互動的「社會素養」（social competencies）、「社交能力」（social skills）、「跨文化素養」（intercultural competencies），或者「軟實力」（soft skills）。特別是經由社會化的歷程與人際關係網絡的發展，個人與社群及社會產生連結。由於支離破碎的歷程、不斷日漸增加的個別性與社會性的差異與不確定性，因此，加強社會團結並發展社會意識與責任，變成了是一種重要的社會目標與政治目標，例如：統整、網路、伙伴關係、團結與合作，都是經常提到的關鍵字眼（OECD, 2005a; 2005b）。學者專家們都有共識，在一個多元文化社會中，在一個充滿不同文化、利益、價值、信念的世界中，個人有必要學習去參與團體並發揮團體功能與建立社會秩序，並使異質背景的參與者，可以彼此互動並成功地處理差異、矛盾與衝突（Rychen, 2003）。

第四，就「能在異質社群中進行互動」的核心素養之範疇而言，人類終其一生都是與別人關係密切且相互依賴的，以求其身心的生存，並追求自我感、認同感與社會意義（Ridgeway, 2001）。個人藉由與其他人產生連結，並與生活環境進行對話，與別人進行互動，進而產生個人的認同感。和其他人相處，是人類生活的一部分，因為人類是生活在一個關係緊密的網路當中，以便進行合作、競爭與分享（Canto-Sperber & Dupuy, 2001）。因此，與異質性的社群進行互動，其所關注的是發展社會連結與他人共生。特別是與能使用不同語言的人或有不同過去的歷史記憶、文化或社會經濟等等不同背景的人，彼此共生與互動。這種

社會素養的發展，與創造社會資本、彼此增強責任義務、期望與資訊管道等網路，有著密切的關聯。這類社會素養的核心素養之範疇包括：「能與他人建立優質人際關係」（與人為善）（relating well to others）、「能與人團隊合作」（cooperating）、「能管理與解決衝突」（managing and resolving conflict）。

①能與他人建立優質人際關係（與人為善）

「能與他人建立優質人際關係」，與人為善，此一核心素養有助於個人去發動、維持並管理個人的人際關係，例如：家庭成員、親屬關係、朋友或鄰居，並假定個人會去尊重與欣賞他人的價值、信仰、文化與歷史，以創造一個讓他們會受到歡迎與接納的環境（Stein, 2000）。「能與他人建立優質人際關係」，與人為善，是指個人建立、維持、以及經營與他人，例如認識的人、同事、客戶關係。此種素養不僅有助於維持社會的凝聚力，而且由於情緒管理能力在公司組織與經濟體制中日益受到重視，因此，「能與他人建立優質人際關係」，與人為善，也可促進經濟上的成功（McLagan, 1997; Rychen & Salganik, 2001）。

「能與他人建立優質人際關係」，與人為善的核心素養，包括社交與互動能力、開放地接納其他文化、尊重別人的宗教與信仰、重視差異等等，不僅是社會團結的必要因素，更是經濟成功的必要因素。公司的變革與經濟的變革，都強調情緒智商的重要性，包括能與人為善與他人建立優質人際關係（Levy & Murnane, 2001），尤其是高薪的工作往往不只是要求具備精熟認知技能，更包括擁有經濟學者所說的「軟實力」，亦即能與他人建立優質人際關係，與人為善，特別是包括與工人、顧客與消費者的關係都要維持優質關係（Rychen & Salganik, 2001, 2003）。

「能與他人建立優質人際關係」，與人為善，個人必須能夠尊重與鑑賞他人的價值、信念、文化、以及歷史，並能因而建立一個接納與包容的環境。能與他人建立優質人際關係，此種核心素養是有許多的先決條件（Weinert, 2001），特別是此核心素養包含的要件有二：具有同理心以及能夠進行情緒管理。其中，同理心是最重要的先決條件，包括設身處地扮演別人的角色觀點，並從其觀點加以設想與感受（Ridgeway, 2001），個人若具有同理心，便能從他人的角度與觀點進行思考，進而引導個人進行自我反省學習，瞭解到自己視為理所當然的意見或信念，別人不見得會持相同見解，因而能從他人的角度考慮更周詳而寬廣的意見與信念。此外，與人為善，「能與他人建立優質人際關係」的另一個先決條件是，若要有效的情緒管理，有效地處理自己的情緒與內在心情，必須能自我意識察覺並有效地洞察自己與他人的情緒與動機狀態（Haste, 2001）。

②能與人團隊合作

此類組的第二項核心素養是「能與人團隊合作」，是指單一的個人無法滿足當代生活的許多需求與目標；相反地，這是需要許多願意分享利益、目的、信念的人共同參與工作團隊、市民組織、政黨或行業工商會等團體組織，才能達成當代生活的許多需求與目標。換言之，許多任務和目標無法由個人獨力完成，而是必須透過具有相同利益的人彼此團隊合作來達成。團隊合作需要每一個人犧牲部分個人利益以達成團體目標，成員彼此之間也需要分享領導的權力以及相互支援。因此，此類組的第二項核心素養是有能力與他人一起合作與工作，以達成共同的目標。世界各國都強調以團隊方式進行工作的合作素養之重要性，這也是世界各國相當具有共識的一種核心素養（Trier, 2003）。

「能與人團隊合作」的核心素養之焦點：是團體內的每一個個人都要有合作的素養，亦即，團體內部的個人之間彼此團隊合作，包括忠於團體規範與個人自律自主的行動兩者之間的平衡，個人有責任主動地參與團體，也有必要分享領導角色及支持他人等兩者之間的平衡。而團隊合作素養的要素，包括：表達觀念和傾聽他人觀念、瞭解辯論流程以及遵循議程、建構策略性或持續性結盟、協商、在眾多不同意見情況下進行決策。團隊合作素養的要素，首先一開始包括：陳述個人的理念、傾聽別人的意見，並轉換參考架構、從不同的觀點途徑來探究主題，瞭解自我與他人的特定角色與責任及整體的目標，限制個人的自由並融入更大的團體之中（Perrenoud, 2001）。其次，參與團隊合作行動之中，必須理解論辯的動態性、議題與所呈現的趨勢之變化，探究團體的限制界線，建立戰略性或實質性的盟友，並能在不同的利益矛盾衝突之中，居中進行妥協與調解。最後，此種團隊合作的素養，包括協調磋商並建立共識，以及決定允許不同意見的表達（蔡清田，2011b）。

③能管理與解決衝突

此類組的第三種核心素養，是有能力去管理與解決衝突，去協調衝突的利益並找出可以接受的解決途徑（OECD, 2005a; 2005b）。儘管有些特定的行業，例如：法官、仲介等等就是專門為人們解決衝突，但是所有人終其一生都還是會面對大大小小的衝突，而且必須加以解決。在人類生活的許多社會場域都會發生衝突，不論是在家庭、職場或較大的社區或社會，特別是當一個或兩三個個人或團體彼此有不同的需求、目標或價值，就會產生矛盾與衝突。衝突是社會的部分現象，也是人類社會自由與多元等關係的一環（Perrenoud, 2001）。

換言之，社會生活中的每個場域的各種不同層面都避免不了衝突

的產生，衝突可能發生在家庭、職場、社區、以及社會。當兩個以上的個體或團體因為有不同的需求、利益、目標或價值而彼此對立時，衝突便會產生。以建設性的方式來處理衝突時，應將衝突視為一個過程來將以管理，而非否認衝突的存在。同時，必須考慮他人的利益與需求，並且尋求雙贏的解決方案，特別是處理衝突的關鍵途徑，是要以積極正面的態度來面對衝突，並當成是一種過程加以處理，不能完全加以逃避或消除，而是要以合理的、公平的與有效的方式來處理（Rychen & Salganik, 2003）。

　　此種核心素養假定個人都會考慮到他人的需求與利益，而且認為涉及衝突的各方都能從中獲利以達成雙贏策略，而非只有一方獲利達成所有目標而犧牲另一方的所有利益。個人如果能積極主動參與利益衝突的管理與解決，必須分析爭端的部分與涉及的利益之所在（例如權力、功勞、勞力分擔、平等）、衝突的起源與衝突各方推理思考的方式、承認各方不同的立場、辨識同意與不同意的部分、重新界定問題、優先考慮的需求和目標，藉以決定在何種條件下願意放棄的部分，特別是此種素養的重要元素，包括首先找出彼此同意與不同意的領域，重新架構問題，將需求與目標加以排列其優先順序，指出那些項目在那些情境之下可以放棄。最後，此素養列出哪些他人的需求與目標是比自己的需求與目標更為優先而重要的，在進一步重新提出選擇以解決衝突，並使原先衝突對立的各方，均能從中獲益（Stein, 2000）。

(3)「能互動地使用工具溝通」

　　首先，「能互動地使用工具溝通」，是關鍵的核心素養（OECD, 2005b），具有前述「關鍵的、必要的、重要的」價值的三個條件之外，其能成為核心素養的主要原因有五點原因（reason why），第一個

原因是個人有需要使用跟得上當代的科技，其第二個原因是個人也有需要熟悉所要使用的工具，其第三個原因是個人也必須要根據其目的適當地使用工具溝通，其第四個原因是個人要能知道新型的互動方式，其第五個原因是個人能運用工具的潛能以主動地與世界進行對話，因此，「能互動地使用工具溝通」是一種重要而關鍵的核心素養。這組「能互動地使用工具溝通」的核心素養，類似於美國教育部發起的「二十一世紀技能聯盟」指出二十一世紀學生所需的資訊通訊科技素養及思考與學習能力，能處理與分析並評估資訊的準確度、可靠度，進一步解決真實世界的問題，並且組織資訊成為有用的知識（The Partnership for 21st Century Skills, 2009）。

　　此類核心素養的焦點強調三個重點，第一是不只是指個人具有使用工具的能力，第二是還包含個人能認知理解這些工具如何能改變個人與世界，第三是具有適當的情意態度以利用這些工具以達到更寬廣的目的，包括語言與符號的表達溝通、數理運算、活用知識與資訊處理如蒐集、分析、組織、判斷、選擇，活用新科技並使之與生活結合如電腦、網路、視訊、網路社群、網路購物行銷、遠距學習等。這也是過去研究比較少觸及（Cogan & Derricott, 1998），而且是資訊社會的重要的國民核心素養與公民資質（王世英、張鈿富、吳慧子、吳舒靜，2009；陳伯璋、張新仁、蔡清田、潘慧玲，2007；Haste, 2001；OECD, 2010; Rychen & Salganik, 2003；Schleicher, 2008；Trier, 2003）。

　　其次，「能互動地使用工具溝通」，是第三類組的核心素養，其焦點強調透過工具與世界進行互動，特別是強調個人（individual）能廣泛地善加使用「物質的工具」與「社會文化的工具」，以便主動地與世界（world）進行互動對話，重視「資訊社會」（information society）當中的人與環境脈絡的工具與活用工具的核心素養。值得注意的是，

「能互動地使用工具溝通」的核心素養之定義，包括下兩方面的意涵。一方面，能互動地使用「工具」（tool），此處所用的「工具」這個字是指最寬廣的意義，以同時包括「物質的」（physical）與「社會文化的」（social-cultural）工具。特別是全球經濟和「資訊社會」要求個人所需要精熟的「社會文化的工具」的素養，以滿足其生活與專業上的需求，這些工具包括諸如語言、知識、資訊、科技等，「物質的工具」包括諸如機器、電腦資訊科技（Rychen & Salganik, 2003）。

再次，「能互動地使用工具溝通」的核心素養界定為「個人能使用語言、符號、科技工具及各種訊息進行溝通互動」，是能靈活互動地使用語言、符號、文本、知識和資訊、科技等活用工具與工具學科的核心素養。個人必須能夠廣泛地運用工具溝通，以便有效地與環境互動，包括「物質的工具」，例如：機器與電腦資訊科技產品；以及「社會文化的工具」，例如：語言、數字、符號、資訊、知識等的使用。在此意義上，工具不只是被動的媒介，同時也是人我與環境之間積極互動的管道（McLagan, 1997; Rychen & Salganik, 2001）。

「能互動地使用工具溝通」，此一類組的核心素養，經常被許多國家的課程改革所提及（Trier, 2003），特別是往往強調個人（individual）能使用物質的工具與社會文化的工具，特別是包括語言與傳統學術科目，以便與世界（world）產生互動。因此，工具並不僅是一個被動的中介者或媒介物，而且也在個人與其所處環境之間扮演一個互動對話的角色。個人透過認知的、社會文化的、以及實際的工具與其所處環境進行互動（蔡清田，2011c），這些互動進而塑造個人對於這個世界的觀點與個人生活在這個世界所需的能力、處理這個世界的轉變與變遷、以及回應長期的挑戰，以互動方式使用工具可擴展個人看世界的觀點以及與世界互動的方式（White, 1959）。

　　另一方面，能「互動地」使用工具溝通，此處所用的「互動地」（interactively）這個字是有其特別的意義。個人必須能夠靈活地運用工具溝通，以有效的與個人所處的情境「互動」（White, 1959），因應全球經濟與現代社會的社會與專業需求。在此一全球經濟與現代社會的資訊社會的世界之中，個人是被期待去創造並使用知識與能力，但是如果只是擁有技術能力去使用一種工具，例如閱讀一種文本或使用電腦的滑鼠，是不足以因應當代複雜的生活需要。「能互動地使用工具溝通」，此種核心素養是主張個人不僅具備獲取這些工具的管道和操作這些工具所需的技能，也能夠創造和調適這些知識與技能。要具備這樣的核心素養，個人必須不只是熟悉該工具本身，更要能瞭解該工具可以如何改變個人與世界互動的方法途徑、以及瞭解如何使用該工具以完成更遠大的目標。工具不只是消極被動的中介者或媒介物，工具可以是個人所使用的積極設計，成為個人與環境主動對話的器物設施與管道（Haste, 2001），工具也就是人類身體與心靈的擴展（Rychen, 2003）。

　　第四點，就「能互動地使用工具溝通」的核心素養之範疇而言，「能互動地使用工具溝通」意指人類藉由工具與環境世界進行邂逅互動，這些邂逅將影響人類與環境世界的互動之意義與能力（White, 1959），意即人類如何處理轉型與改變，人類如何回應新的長程挑戰。因此，「能互動地使用工具溝通」，並不只是具有工具與具有能使用工具所需的技術能力，「能互動地使用工具溝通」，是知覺意識到可以經由使用工具與調整改變日常生活的行動，而建立新的互動方式管道（蔡清田，2011b）。下列的核心素養都與「能互動地使用工具溝通」有關，這類組核心素養之範疇包括：「能互動地使用語言、符號與文本」（using language, symbols, and text interactively）；「能互動地

使用知識與資訊」（using knowledge and information interactively）；
「能互動地使用科技」（using technology interactively）。

①能互動地使用語言、符號與文本

「能互動地使用語言、符號與文本」的核心素養，是指能使用語言的聽、說、寫、表達、溝通能力、符號的能力、數理運算能力，用以理解世界宇宙和與人溝通，發展知識以及有效地與環境情境互動。換言之，此項核心素養是指個人能夠在各種情境中，有效地運用口說與書寫的語言文字素養以及計算和其他的數學素養，這是個人生活、工作、以及有效與他人溝通的必要素養，常見的相關用詞包括：「溝通素養」（communication competence）或「語言素養」（literacies）。

「能互動地使用語言、符號與文本」，此一核心素養的焦點在於，在各種情境當中，例如：家庭、職場與公民生活，能有效地使用語言文字，同時包括口語的與書面的，以及運算的與其他數學的素養，例如：圖形的、表格的與符號的等不同的形式。這是個人能在社會與職場當中產生運作功能，與有效地參與個人的與社會的對話之一種非常重要的工具。此種核心素養也可以稱為溝通的素養，但是其意義通常範圍相當廣泛而沒有統一的定義（McLagan, 1997; Rychen & Salganik, 2001）。

例如：閱讀的素養，依據「國際學生評量計畫」（Programme for International Student Assessment，簡稱PISA）所界定的閱讀之核心素養，是指「理解、使用、並且反省書面文本，以達成個人的目標，發展個人的知識與潛能，並且參與社會」。其中，參與包括個人能在職場、個人的生活、社會、政治與文化生活等場域，並且能在社會、文化以及政治參與之中，「實現個人的期望」。它更進一步界定了參與的範圍，

包括：「一個重要的立場、往前一步邁向個人的自由、解放以及授權增能」（OECD, 1999:20）。

「能互動地使用語言、符號與文本」，此一核心素養的其他例子，例如：數學的核心素養。在成人素養與生活能力調查（Adult Literacy and Life Skills Survey，簡稱ALL）的架構之中，數學的核心素養，不只包括增進有效管理不同情境的數學要求所需要的能力與特定認知能力，並且包括許多數學範圍的主動行動與歷程。「國際學生評量計畫」（PISA）所界定的數學核心素養，是指「辨認、理解及參與數學行動，並且做出個人現在與未來的私人生活、職場生活、同儕與親友的社交生活、有建設性的、有關懷心的、反省批判的公民生活等等所需要的數學角色之優質判斷」（OECD, 1999:12）。同樣地，功能取向所描述的書面寫作素養或口語溝通素養，也不只包括正確使用語言的技術層面，還包括有效地使用語言以達成預定的目標或目的。

能使用語言，是「能互動地使用語言、符號與文本」此一核心素養的重要層面，精熟使用母語，在每一個國家都是被認為是很重要的素養，然而，至於是否能精熟地使用外語，以因應當代生活的需要，世界各國就有相當不同的差異（Trier, 2003）。

②能互動地使用知識與資訊

「能互動地使用知識與資訊」的核心素養，是指能互動地使用知識與資訊，例如：蒐集、分析、判斷、選擇的能力素養。由於服務與資訊業的崛起以及知識管理時代的來臨，使得個人必須具備以互動方式使用知識與資訊的核心素養（OECD, 2005a; 2005b）。這項核心素養是指，個人能夠針對資訊性質本身進行批判性的反省，包括：資訊的內部結構、資訊產生的社會、文化及意識形態的背景、以及資訊所造成的衝

擊。此項核心素養是構成個人瞭解選項、形成意見、進行決策，以及執行合理行動的基礎，包括：辨識和決定未知的部分，辨識、找出，以及獲取適當的資訊來源，評鑑資訊及其來源的品質、適當性、以及價值，組織知識與資訊（Rychen, 2003）。

　　特別是，愈來愈趨於重要的全球化經濟所需的服務業與資訊業角色部門，印證了知識與資訊是當今世界素養當中非常重要而關鍵的核心素養。在工作場所之外，資訊科技可以提供個人許多改進的途徑管道，以獲得所有任何特定主題的材料，有助於個人進行任何決定的廣泛研究與分析。爲了能夠在生活的各種社會場域當中成功地運作（Canto-Sper-ber & Dupuy, 2001），個人不只需要獲得知識與資訊，更需要以有效的、反思的與負責的方法態度來使用知識與資訊（Perrenoud, 2001）。舉例而言，「能互動地使用知識與資訊」此一核心素養，在個人決定如何進行研究與評估選擇產品、服務（例如教育或法律服務）、選舉與公民投票的情境之下，就是非常重要而關鍵的核心素養（Rychen & Salganik, 2001）。

　　「能互動地使用知識與資訊」，此種核心素養的一個具體實例是科學素養，「國際學生評量計畫」（PISA）所界定的科學核心素養，是指「使用科學知識、指出問題並引導出有證據支持的結論，以便於理解並有助於進行自然環境生態世界的決定，以及經由人類行動加以改變」（OECD, 1999:12）。另一個實例是挪威的「小學、中學與成人教育的核心課程」（core curriculum for Primary, secondary and Adult Educa-tion）所指出的「博雅地教育人類」，使其擁有「一個健全而穩固的知識基礎與寬廣的參考架構、組織知識的素養、方法論的能力、尊重事實與合理的論述、追求或獲得新知的素養」（Trier, 2003）。

　　「能互動地使用知識與資訊」，此種核心素養所關注的是個人能

獨立探索發現並處理資訊與知識，而不必依賴他人提供資訊。換言之，「能互動地使用知識與資訊」，此種核心素養強調個人必須針對資訊本身的特質、技術內結構及其社會的、文化的，甚至是意識形態的情境脈絡與衝擊影響等進行批判反省思考。「能互動地使用知識與資訊」，是一種必要的核心素養，可以作為一種基礎以理解選項、形成選擇、做成決定，並且採取明智的與負責任的行動（Rychen & Salganik, 2001, 2003）。

因此，「能互動地使用知識與資訊」，此種核心素養，意含著一系列的行動與立場傾向，一開始是指出並確認哪些是不知道的，進而加以辨認、定位、並獲得管道以取得適當資訊來源，甚至可以包括在網際網路空間組合整理知識與資訊。一旦確認了資訊的來源並獲得資訊，就有必要去批判評估該資訊的品質、適切性、價值及其來源。組織資訊並將選用的資訊融入個人已有的知識資料庫、有效地使用資訊以進行明智的決定並採取連貫的行動，並且瞭解有關使用資訊之經濟的、法律的、社會的、倫理的相關議題，這些都是「能互動地使用知識與資訊」此一核心素養的相關要求（Rychen & Salganik, 2003）。

③能互動地使用科技

就「能互動地使用科技」此種科技的核心素養而言，「能互動地使用科技」，此一核心素養，強調的是活用新科技，並使之與生活結合的能力素養，例如：電腦、網路、視訊、網路社群、網路購物及行銷、遠距學習等。由於科技領域的進步，特別是資訊與通訊科技的進步，在工作職場的內外，都對個人產生新的要求，同時也帶給個人新的機會，期望個人能以新而不同的方式，更有效地因應這些新的需求。能互動地使用科技與從社會資本獲益的素養有別，這將是造成未來社會不平等的潛

在來源之一（McLagan, 1997; Rychen & Salganik, 2001, 2003）。

　　「能互動地使用科技」，此種科技的核心素養之重要性，已經普遍被世界各國所重視與強調（Trier, 2003）。特別是在知識社會與資訊社會當中，此種「能互動地使用科技」之核心素養，關心的是資訊、通訊與電腦科技的素養。但是，「能互動地使用科技」，此種科技素養，不只是精熟地使用科技之技術。在許多個案的情境當中，個人要去熟練使用新科技並不困難，特別是當前許多的新科技都是「對使用者相當友善的」（user friendly），或者是就現有的科技加以修正，而且就算是使用特殊的科技，也不會特別強調要求一定要具備超高水準的技術能力。甚至，一些高薪資的公司並不會針對應徵者之入門門檻，要求必須在特定軟體程式方面具備極高水準的知識與能力；更重要的是，要求個人要去熟悉鍵盤與滑鼠，因為許多軟體程式都是以相似的方式結合在一起，不僅提供線上協助服務系統，並且開放使用學習新的軟體程式，這意涵著有必要將現有的科技技能，運用到新的情境脈絡當中（蔡清田，2011d）。

　　就「能互動地使用科技」此種科技素養而言，儘管應用科技是非常重要的科技素養，但是，若要能完全發揮與實踐科技素養的全部力量，就有必要去瞭解並儘可能使用科技所帶來的新型行動與互動，並將其潛在可能性與優勢應用在日常生活當中。如同學者所指出的，要求個人透過使用網際網路與電子郵件去完成工作任務，這樣的要求並不多也並不過分，因為透過網際網路與電子郵件，以便和其他人聯絡往來與檢視每日新聞，已經是許多人的日常生活當中相當熟悉的一部份（蔡清田，2011a）。

　　透過網際網路與電子郵件以便和其他人聯絡，此一科技藉由降低個人所在地理位置的重要性，具有改變人類工作方式的潛在可能性與

優勢；此一科技的核心素養，藉由允許個人獲得及時管道，以接觸許多不同種類的資源，並提供個人一種從大量資訊中進行快速分類的方法，也具有改變個人接觸資訊管道的潛在可能性與優勢；此一科技藉由建構並經常透過使用電子通訊的基地網路，連結世界各地人類而發展形成虛擬社群，也具有改變個人與他人互動的潛在可能性與優勢（White, 1959）。

　　儘管個人可以從這些「能互動地使用科技」的核心素養所帶來的潛在可能性之改變當中獲益，但個人往往卻沒有有系統地預見或親身體驗此一真實情境歷程並進行反省思考及行動。事實上，這些改變的真正力量的發揮，需要考量到能進一步地結合個人所處的個別情境之環境脈絡。因此，將新的科技融入個人的日常生活情境當中之實務作息，可以讓個人對該科技工具感到熟悉，並可讓個人將該科技工具的潛在可能性與優勢，以及應用到其他方面的需求，最後並將該科技工具的潛在可能性與優勢，融入個人日常生活當中的實務作息，這也就是所謂的「科技素養的彈性因應與反思處理」（Haste, 2001）。

　　因此，瞭解科技的潛在可能性與優勢是很重要的，但是更重要的是，要具備「能互動地使用科技」的素養，特別是要能辨認並應用適當的科技工具以解決問題。在此歷程中，個人並不是面對一種新科技工具，而是面對一個問題，例如：要如何將工作任務做的更有效率與更有效能。因此，比熟悉科技工具更重要的是，同時個人要能具有一種對不同科技工具的目的與功能之通識博雅的理解，個人要能預見不同科技工具的應用之潛在可能性與優勢，並加以適當地應用到生活情境脈絡當中以適當地解決問題（McLagan, 1997; Rychen & Salganik, 2001, 2003）。

　　經濟合作與發展組織（OECD）國際組織進行「素養的界定與選

擇」，所獲得的「能自律自主地行動」、「能在異質社群中進行互動」、「能互動地使用工具溝通」等三類核心素養架構內涵（Rychen & Salganik, 2003），係彙集了各領域專家學者與利害關係人的觀點，進而整合分析及建構出未來社會所需要的核心素養，這些核心素養與個人之終身學習可謂緊密相連（吳明烈，2009）。而這些核心素養亦正是個人終身學習所需具備的關鍵素養，這些核心素養的強化可透過終身學習的歷程來達成，足見核心素養的培養並非在青少年期即宣告結束，而是持續到成年期（王世英、張鈿富、吳慧子、吳舒靜，2009）。總之，本章有關「核心素養的架構」之論述，合乎了本書上一章「核心素養的選擇」之「關鍵的」、「必要的」、「重要的」核心價值，這也是本書下一章「核心素養的功能」之論述基礎，核心素養具有個人發展自我實現以及社會發展的雙重功能，可以作為重要的教育目標來源，可從「成功的個人生活」及「功能健全的社會」來看待核心素養的功能，作者將進一步加以論述。

第4章

核心素養的功能

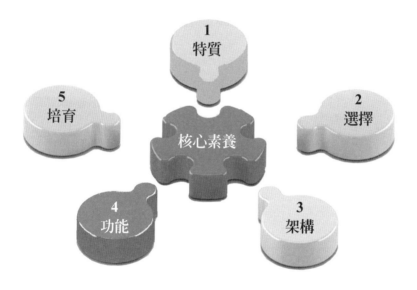

本章「核心素養的功能」如下圖4-1「核心素養的功能」在《課程發展與設計的關鍵DNA：核心素養》一書中的組織結構系統圖像所示，是建立在前章「核心素養的架構」、「核心素養的選擇」與「核心素養的特質」等基礎之上，旨在論述核心素養的理論構念之功能。特別是本章「核心素養的功能」所論述的「核心素養具有個人發展與社會發展等雙重功能，「核心素養可作為教育目標之重要來源」，「核心素養可協助個人獲得成功的個人生活，進而建構功能健全的社會」等三種功能，是回應並依據第一章「核心素養的特質」之多元面向、多元功能、多元場域、高階複雜、長期培育等「三多元一高一長」等五項特質的基礎，與第二章「核心素養的選擇」之「關鍵的」、「必要的」、「重要的」選擇規準，以及第三章「核心素養的架構」之三組相互關連的核心素養基礎之上。本章「核心素養的功能」乃是就作者於2011年6月發表於《教育科學期刊》〈課程改革中的核心素養之功能〉一文加以調整更新、修正補充最新資料文獻，與先前發表期刊文章內容有所區隔，特別是系統性論述課程發展與設計的「核心素養」之架構。而對於本章之後接下來的後續所要論述之「核心素養的培育」有著重要影響。

　　本章「核心素養的功能」，旨在論述核心素養的理論構念之功能。核心素養的功能用處究竟何在（蔡清田，2011a）？誠如本書上一章「核心素養的架構」所指出，「核心素養」是個人處於社會生活所需的素養，也是現代社會公民必須具備的素養，因此「聯合國教育科學文化組織」、「歐洲聯盟」、「經濟合作與發展組織」等等國際組織十分強調「核心素養」，是培育能促進「個人發展」與「社會發展」的高素質國民與世界公民之基礎（Halasz & Michel, 2011），有助於個人發展的自我實現與社會發展的凝聚團結，因此受到許多國際組織與東西方先進國家的重視（Beane, 1995; Jacobs, 2010; Pinar, 2011; Tsolidis, 2011; Young, 2011）。

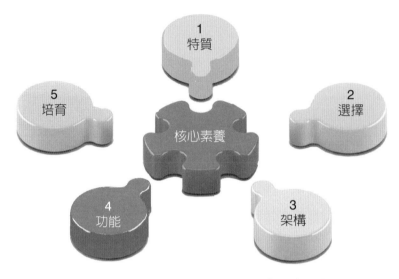

圖4-1　「核心素養的功能」在本書中的組織結構系統圖像

　　因此，本章參考主要行動主體能動者理論（Principal Agent Theory）（Levy & Murnane, 2001），首先從「個人發展」與「社會發展」等雙重功能的觀點，探究「核心素養」的教育功能，這個「核心素養的功能」回應了本書上一章「核心素養的選擇」所言，核心素養之「必要的」核心價值條件；其次，核心素養不僅有助於個人開展潛能，且可產生社會效益，並可培養國民的終身學習、社會公民責任等各種社會核心價值，「核心素養可作為教育目標之重要來源」，這個「核心素養的功能」回應了本書上一章「核心素養的選擇」所言，核心素養之「重要的」核心價值條件；其三，核心素養可協助個人獲得「成功的個人生活」（a successful life），進而建構「功能健全的社會」（a well-functioning society），這個「核心素養的功能」回應了本書上一章「核心素養的選擇」所言，核心素養之「關鍵的」核心價值條件，亦即，可

從「成功的個人生活」及「功能健全的社會」的雙重面向來論述核心素養的關鍵功能，其教育功能便在培育優質的國民。換言之，核心素養具有「個人發展」自我實現以及「社會發展」等雙重功能，可從「成功的個人生活」及「功能健全的社會」來看待核心素養的功能（洪裕宏，2011；蔡清田，2011d），其教育功能便在透過個人發展的「個人功能」以及社會發展的「社會功能」，培育優質的國民，特別是協助個人獲得「成功的個人生活」，進而建構「功能健全的社會」。這也呼應了教育在二十一世紀所要扮演的對社會做出個人的貢獻、實現個人天分、實現公民責任、傳承傳統與價值觀等目標功能（Trilling & Fadel, 2009）。

　　就課程改革的關連而言，「核心素養」受到「聯合國教育科學文化組織」、「經濟合作與發展組織」、「歐盟」等國際組織所進行之跨國研究的重視，透過研究進行「核心素養」的界定與選擇，並據以培育及提升其會員國國民的素養，協助其國民在社會參與、公民生活、國家發展和終身學習上發揮功效（Halasz & Michel, 2011）。就「素養」的意涵而言，素養的內涵已經擴及至終身學習、參與社會及公民責任等各種生活情境社會場域範疇所需的素養（蔡清田，2010a）。由於科技日新月異、新型態的經濟與社會活動，促成變動不已的生活情境，而素養正是個人面對生活情境的實際問題與可能挑戰時，能應用知識、能力與態度，採取有效行動，以因應生活情境的複雜需要，達成目的或解決問題的需要，是個人生活必備的條件，也是現代社會公民必備的條件（蔡清田，2010b）。可見，「核心素養」被國際組織的先進國家當成課程發展與設計的關鍵DNA，是優質教育改革之關鍵DNA，亦即是教育基因改造的核心，更是透過課程改革以促進「個人發展」與「社會發展」的核心，以協助個人獲得「成功的個人生活」，進而建立「功能健全的社

會」，一方面，核心素養可以協助個人獲得「優質生活」（good life）（蔡清田，2011d; 2011e; Canto-Sperber & Dupuy, 2001; Rychen & Salganik, 2003）；另一方面，核心素養可以協助人類因應當前「資訊社會」（information society）及未來「優質社會」（good society）的各種社會場域生活之挑戰（Gilomen, 2003a, 2003b）。

　　就「核心素養的功能」或「核心素養的理論構念之功能」而言，核心素養具有「個人發展」自我實現以及「社會發展」等雙重功能：「核心素養可作為教育目標之重要來源」；核心素養可協助個人獲得「成功的個人生活」，進而建構「功能健全的社會」，可從「成功的個人生活」及「功能健全的社會」來看待核心素養的功能，其教育功能便在培育「優質」的國民，透過個人發展的「個人功能」以及社會發展的「社會功能」，以協助個人獲得「成功的個人生活」，並可以透過個人的社會行動轉型（Bhaskar, 1998），進而建構「功能健全的社會」。

　　這些「核心素養的功能」回應了本書上兩章「核心素養的架構」與「核心素養的選擇」的論述，特別是「核心素養的選擇」所言，核心素養之「關鍵的」、「必要的」、「重要的」等選擇的核心價值條件。「核心素養」是指社會成員「共同的」素養，也是「關鍵的」、「必要的」、「重要的」素養，核心素養是每一位社會成員都必須學習獲得與不可或缺的素養，是當代所有每一個人獲得成功生活與功能健全社會的「關鍵素養」、「必要素養」或「重要素養」。核心素養是個人生活所必須具備的素養，也是現代社會公民所必須具備的素養，必須合乎「關鍵的、必要的、重要的」三項必備條件，以培養「個人發展」開展潛能與「社會發展」產生社會經濟效益所不可欠缺的素養。

　　核心素養能協助「個人發展」，成功地因應外部生活情境的各種社會場域複雜需求，能激發主體能動者個人內部情境的社會心智運作機

制之認知、技能以及情意等行動的先決條件，促成「個人發展」並展現主體能動者的負責任之行動，是個人在生活情境任務要求下，展現主體能動者所需行動的知識、能力、態度之一種「整體」因應互動體系。界定核心素養的理論構念，其重點不在於建立一種唯一的核心素養，而是提供核心素養的選擇之「參考架構」，使其所界定與選擇的核心素養更能兼具理論與實用價值（Stoof, Martens, van Mrrienboer, & Bastiaens, 2002），特別是具有課程發展與設計之參考價值，尤其是能協助「個人發展」以獲得「優質生活」（good life）所須的素養（Canto-Sperber & Dupuy, 2001），並獲得成功的個人生活，進而建立功能健全的「優質社會」（Rychen & Salganik, 2003）。可見，核心素養的功能，便在保證社會中的個人可以展現出對「個人發展」及「社會發展」都有好處的整體可欲結果，以確保社會運作功能健全良好，並使個人有機會實現其自我的人生理想（洪裕宏，2008）。這呼應了教育的功能之一，在使受教者有能力去實現個人自我的人生目標，進而建構運作良好而功能健全的社會（宋佩芬、陳麗華，2008），換言之，可以透過個人發展的「個人功能」以及社會發展的「社會功能」，以協助個人獲得「成功的個人生活」，進而建構「功能健全的社會」。

茲就核心素養具有「個人發展」自我實現以及「社會發展」等雙重功能：核心素養可培養國民的終身學習、社會公民責任等各種社會核心價值，可以作為「教育目標的重要來源」；核心素養可協助個人獲得「成功的個人生活」，進而建構「功能健全的社會」，可從「成功的個人生活」及「功能健全的社會」來看待核心素養的功能，其教育功能便在培育優質的國民，透過個人發展的「個人功能」以及社會發展的「社會功能」，以協助個人獲得「成功的個人生活」，進而建構「功能健全的社會」。分述如次：

◈ 1.核心素養具有「個人發展」以及「社會發展」等雙重功能

　　值得注意的是，就「核心素養的功能」而言，核心素養具有「個人發展」以及「社會發展」等雙重功能，如圖4-2核心素養的教育功能所示，核心素養可以協助「個人發展」有效因應生活需求，協助個人自我實現以獲得成功生活，進而協助「社會發展」以建立功能健全的社會（OECD, 2005a; 2005b）。這個「核心素養的功能」回應了本書上一章「核心素養的選擇」所言，核心素養之「必要的」核心價值條件。因此，「核心素養」被許多國際組織的西方世界先進國家當成是教育改革的DNA，是教育基因改造的核心，是「個人發展」與「社會發展」的關鍵，一方面核心素養可以協助「個人發展」獲得「優質生活」（good life）；另一方面，核心素養可以協助人類透過個人的社會行動轉型（Bhaskar, 1998），因應當前「資訊社會」及未來「優質社會」的各種社會場域生活之挑戰（Canto-Sperber & Dupuy, 2001; Rychen & Salganik, 2003）。

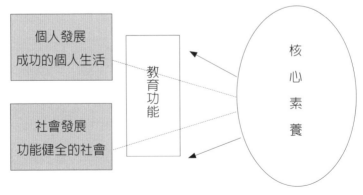

圖4-2　核心素養的教育功能

　　換言之，就「核心素養的功能」而言，核心素養具有「個人發展」以及「社會發展」等雙重功能；特別是，「能自律自主地行動」、「能在異質性的社會群體中進行互動」、「能互動地使用工具溝通」等等核心素養，是個人「優質生活」所須的素養（Canto-Sperber & Dupuy, 2001），可以協助「個人發展」有效因應生活需求，以成就每一個人為目的，合乎「以學生為主體」、「成就每一個學生」及「適性發展」的教育原則，有助於「個人發展」自我實現以獲得成功生活，進而協助「社會發展」以建立功能健全的社會（OECD, 2005a; 2005b）；而且核心素養具有「個人發展」自我實現以及「社會發展」等雙重功能，一方面從有助「個人發展」的功能觀點出發，核心素養的功能可以協助「個人發展」以自我實現（Durkheim, 1893），並獲得優質生活與成功人生（Canto-Sperber & Dupuy, 2001），另一方面，更進一步地，從「社會發展」的功能的觀點出發（Weber, 1905），具有核心素養的個人可以透過個人的社會行動轉型（Bhaskar, 1998），進行社會參與和異質性社群進行互動運作，以達成共同目標以促進社會功能的健全發展並作出社會貢獻（Berger & Luckmann, 1966），進而建立功能健全的「優質社會」（Canto-Sperber & Dupuy, 2001; Rychen & Salganik, 2003），亦即透過核心素養可以培育健全公民，以促進「社會發展」，增進社會福祉，建立功能健全的社會（Rychen & Salganik, 2003），促成社會經濟繁榮、政治民主、尊重人權與世界和平、生態永續發展等人類理想願景價值之實現（梁福鎮，2009）。如同美國「派代亞方案」（The Paideia Program）之教育理想，企圖將義務教育階段的十二年視為一個整體，並為所有學生訂定相同的教育目標，取消升學或就業的分軌設計，規劃一套適用所有學生的課程，提供一個課程架構，其中可發展出多樣的課程，適合各個不同地區的學校需求，建立

一套一般通用而非特殊的、博雅的而非職業的、人文的而非技術的課程內容，彰顯所謂的派代亞（Paideia）及人文主義的精神（Humanitas）（Adler, 1984）。

　　界定核心素養的理論構念，提供核心素養的選擇之「參考架構」，並非質疑或否定其他「素養」的重要性，不是企圖取代其他特定領域所需的特定素養，而是使其所定義的核心素養更能兼具「個人發展」與「社會發展」等雙重價值（Stoof, Martens, van Mrrienboer, & Bastiaens, 2002），可以協助個人獲得優質生活，以獲得成功的個人生活，並進而建立功能健全的社會，並協助個人有效因應未來變動社會的複雜需求（Canto-Sperber & Dupuy, 2001）。這不僅是從「社會發展」的觀點與「個人發展」的觀點來考量核心素養的功能，更是著眼於個人終身學習、社會生活適應、個人生涯發展、社會參與、公民責任等方面所需要的關鍵素養，從「成功的個人生活」及「功能健全的社會」看待核心素養功能，可以培育獲得「優質教育」的國民素養（Salganik, 2001），有效因應優質生活需求，協助個人自我實現以獲得成功的生活（Canto-Sperber & Dupuy, 2001），能成功地參與就業市場、政治歷程、社會網絡與有意義的人際關係並能普遍地滿意個人生活（Elkin & Scoltan, 1999），進而建立功能健全的社會，促成社會發展的經濟繁榮、政治民主、凝聚與社會團結、人權與和平、機會均等、公平正義與免於歧視等理想願景之實現（Rychen & Salganik, 2003）。

　　核心素養是經由激發個人內部情境之社會心智運作機制的認知、技能、情意等等行動的先決條件（Weinert, 2001），以成功地因應在生活環境脈絡情境之下（Canto-Sperber & Dupuy, 2001），各種不同社會場域的複雜任務要求之知識、能力、態度的一種整體因應互動體系，強調個人如能具備核心素養，將可因應其工作情境與生活環境脈絡所遭遇的

各種不同社會場域之複雜需求與挑戰，並有效處理生活需求，協助個人獲得成功的生活，進而建立功能健全的社會（Canto-Sperber & Dupuy, 2001）。詳細而言，核心素養，是整體性的理論構念，是學習者作為主體能動者接受教育後，誠於中而形於外所展現出來的任務行動，牽涉到內在動機、自我概念、認知、技能等（Spencer & Spencer, 1993），特別是指在生活情境的各種不同社會場域之複雜需要下，激發主體能動者個人內部情境之社會心智運作機制的認知、技能與情意價值動機等層面的行動先決條件（Weinert, 2001），以回應生活情境需求的任務行動。

換言之，這是從「社會發展」的基礎功能觀點與「個人發展」的個人生存觀點，探究核心素養的功能，核心素養是個人成功地因應在環境脈絡情境之下，各種不同社會場域的複雜任務要求之知識、能力、態度的一種「整體」因應互動體系（蔡清田，2011b）。因此，一方面，就個人而言，核心素養是個人成功地因應生活情境的各種不同社會場域所觸動之需求（Canto-Sperber & Dupuy, 2001），激發主體能動者個人內部情境的社會心智運作機制之認知、技能以及情意等行動的先決條件（Weinert, 1999），促成主體能動者的行動；另一方面，就環境脈絡情境而言，核心素養也是經由觸動個人內部情境之社會心智運作機制的認知、技能、情意等等行動的先決條件（Weinert, 2001），以成功地因應生活環境脈絡情境之下的各種不同社會場域之複雜任務（Canto-Sperber & Dupuy, 2001），其所需要之知識、能力、態度的一種整體因應互動體系。這是一種以需求功能取向與整體觀點來界定核心素養，其焦點是個人根據情境之下所需要因應的選擇、決定等行動。

過去的教育觀念與人力素質論，往往是建立在以工商職業的工作需求為主要考量的重點（Mansfield, 1989），例如：澳洲於1990年代便

進行以「關鍵能力」爲基礎的教育（成露茜、羊憶蓉，1996），主要訴求是扭轉過去以知識爲本位的教育，指出學習、工作及生活環境中所需的素養，特別強調學以致用的「關鍵能力」，稱之爲「爲工作、爲教育、爲生活的關鍵能力」，將「關鍵能力」定義爲有效參與工作型態與工作組織所需要的能力，這些關鍵能力包括蒐集、分析、組織資訊，表達想法與分享資訊，規劃與組織活動，團隊合作，應用數學概念與技巧，解決問題，應用科技。關鍵能力的重點功能，在於以一種整合方式將知識、技能應用於工作，關鍵能力是一般通用性的，並不只是適用於某種特殊工作領域的特定工作，而是能廣泛應用於一般通用的工作（成露茜、羊憶蓉，1996），後來澳洲政府所發展出之關鍵能力內涵已整合於「二十一世紀國家學校教育目標」（MCEETYA, 1999），進而轉向強調生活及工作所需的核心素養之培養，透過學校教育培養學生具備終身學習、職業投入及社會參與之核心素養，不只能幫助學生有效參與工作生活，亦能實質幫助學生有效地接受繼續教育或更廣泛地參與成人世界，並同時可以發展國家競爭力（DEST, 2005）。

誠如本書第一章所言，近年來世界各國關於「核心素養」的論述早已經超越「職業／工作」的工業社會經濟框架，進而擴及至終身學習、社會公民責任等各種廣泛的社會場域範疇。不同於美國過去1990年代之前所強調「傳統社會」專門行業技能的「能力本位教育」（Plessius & Ravesteyn, 2010; Rychen & Salganik, 2001），也不同於澳洲1990年代「工業社會」職業需求導向的「關鍵能力教育改革」（羊憶蓉、成露茜，1997；Stein, McHenry, Lunde, Rysst & Harstad, 2001），此種面對網際網路資訊流通快速與國際關係交流互動頻繁的「資訊社會」，因應複雜多變與快速變遷的「新時代」（new era）與「後現代」（post-modern）社會生活之複雜多元需求（Canto-Sperber & Dupuy, 2001;

Deleuze, 1995；Roy, 2003），在快速變遷與發展趨勢越來越「測不準的年代」之生活情境下，強調「素養」導向的教育改革與課程改革（Rychen & Salganik, 2003），重視資訊時代數位生活之「新時代」與「後現代」社會生活所需要的「素養」，特別是強調「核心素養」，是培育能「個人發展」與「社會發展」的高素質國民與世界公民之基礎（Pinar, 2009; Popkewitz, 2008; Popkewitz, 2009）。例如：歐盟對「核心素養」定義為：一個人要在未來社會中「個人發展」與「社會發展」時所需的素養（劉蔚之、彭森明，2008）；此種核心素養包括知識、能力與態度三層面。而此一核心素養之建構，乃是作為教育決策者在規劃終身學習機會時的參考架構（Commission of the European Communities, 2005b; European Commission, 2004c; Eurydice, 2002），特別是核心素養可以作為「教育目標的重要來源」，作者將在本章下一段落加以進一步論述。

2.「核心素養可以作為教育目標的重要來源」

就課程發展與設計而言，核心素養可以作為「教育目標的重要來源」，就「核心素養的功能」而言，核心素養不僅有助於「個人發展」開展潛能，且可促成「社會發展」產生社會經濟效益，並可培養國民的終身學習、社會公民責任等各種社會核心價值（梁福鎮，2009），核心素養可作為教育目標之重要來源，甚至可以成為各教育階段課程綱要的課程目標之重要來源與各學習領域課程的重要內容來源。這個「核心素養的功能」回應了本書上一章「核心素養的選擇」所言，核心素養之「重要的」核心價值條件。

由於核心素養是「個人發展」與「社會發展」的關鍵，一方面核心素養可以協助「個人發展」獲得「優質生活」；另一方面，核心素

養可以協助人類因應當前「資訊社會」及未來「優質社會」的各種社會場域生活之挑戰（Canto-Sperber & Dupuy, 2001; Rychen & Salganik, 2003）。因此，「核心素養」被許多國際組織的西方世界先進國家當成是「教育目標的重要來源」，甚至是教育改革的關鍵DNA，更是教育基因改造的核心，而且已經成為許多「經濟合作與發展組織」以及「歐盟」等國際組織的會員國國家之教育目標（Rychen, 2003:65）。例如，核心素養在德國、挪威、瑞典、芬蘭、丹麥、紐西蘭、許多國家已經被當成整體的教育目標，並規劃成為重要學習領域的課程方案架構，以推動課程改革（Oates, 2003; Salganik & Stephens, 2003; Trier, 2003），其教育功能便在透過優質的教育培育優質的國民（Salganik, 2001），使受教者有能力去實現個人人生目標，培育國民有能力瞭解自己，學會與他人互動，可以有效處理生活需求（White, 1959），以營優質的生活（Canto-Sperber & Dupuy, 2001），進而建構運作良好而功能健全的社會（OECD, 2005a; 2005b）。

核心素養是將「知識」、「能力」、「態度」等三者加以統整的「全人」素養或「全方位的」素養（陳伯璋、張新仁、蔡清田、潘慧玲，2007），特別是「能自律自主地行動」、「能在異質性的社會群體中進行互動」、「能互動地使用工具溝通」等等核心素養（OECD, 2005a; 2005b），核心素養可作為教育目標之重要來源，甚至可以成為各教育階段課程綱要的課程目標之重要來源與各學習領域課程內容的重要來源，特別是成為追求「新經濟」（new economics）的「新進步主義」（new progressivism）浪潮之下的日本、韓國、新加坡與香港等亞洲太平洋地區各國教育改革的重點項目（安彥忠彥，2009；林明煌，2009；鄧宗怡，2009；Kennedy, 2010; Kim, Youn, Shin, Park, Kyoung, Shin, Chi, Seo & Hong, 2007）。甚至，透過教育以培養其國民的「核

心素養」（EC, 2005; OECD, 2005a, 2005b; UNESCO, 2003），已經成為許多國家之重要教育目標（Rychen & Salganik, 2003）。

換言之，核心素養可以作為「教育目標的重要來源」，一方面可使我國教育目標與國際接軌，尤其是與國際組織所倡導的核心素養之教育目標進行接軌。另一方面，特別是我國傳統學校教育相當重視「知識」的重要性，國民中小學九年一貫課程改革則進一步強調「能力」的重要性，未來幼兒園、國小、國中、高中職的k-12年級課程改革，宜重視「素養」的重要性。素養不只重視知識，也重視能力，更強調態度的重要性，可超越傳統教育的知識和能力，可導正過去重知識、重能力、忽略態度之教育偏失。值得特別強調的是，「核心素養」是所有每一個個人獲得成功生活與功能健全社會所必須具備而不可欠缺的「關鍵素養」、「必要素養」、「重要素養」，是個人生活所必備的素養，也是現代社會公民的必備條件，對於「個人發展」自我實現、社會參與、積極公民權及就業，具有「關鍵的、必要的、重要的」核心價值之必備條件，核心素養同時有利於「個人發展」個人成功生活之自我實現，並有助於功能健全之「社會發展」，兼具「個人發展」與「社會發展」之雙重效益，而且核心素養是與人權與民主價值的人類世界願景相互呼應的（Rychen & Salganik, 2000），同時，核心素養可作為「教育目標之重要來源」，以下進一步說明。

為了因應全球化、網路世代、資訊科技與學習社會的世界潮流，「經濟合作與發展組織」會員國重視彈性、積極創新應變的企業家精神、以及個人責任等價值（Gilomen, 2003b; OECD, 2005a; 2005b；Rychen & Salganik, 2003），世界先進國家不僅期望其國民能適應環境，也期望其國民富有革新、創造、自我導向、以及自發的精神（陳伯璋、張新仁、蔡清田、潘慧玲，2007）。特別是「經濟合作與發

展組織」於1997年開始至2005年提出總結報告為止（OECD, 2005a; 2005b），進行大規模的「素養的界定與選擇」跨國研究計畫，選出二十一世紀公民的三組核心素養，亦即，能自律自主的行動、能互動地使用工具、能在異質性社群中進行互動（Rychen & Salganik, 2003）；Eurydice（2005）報告中指出，雖然沒有一套放諸四海皆準的核心素養之定義，然而，卻可以有一套共識可以用來被描述何謂「核心」、「必要」、「重要」「關鍵」、的素養，有助於人類發展與社會資本（OECD, 2001; World Conference on Education for All, 1990）。其「核心素養」的理論構念，已不限於某種特定行業、職業工作與學校教育類別，「核心素養」的建構也不是單獨針對某種特定的教育階段（陳伯璋、張新仁、蔡清田、潘慧玲，2007），而是整個教育體系、人力發展的共同架構，著眼於個人終身學習、社會生活適應、個人生涯發展、社會參與、公民責任等方面所需要的素養（蔡清田，2008a; 2008b）。下圖4-3表示「素養的界定與選擇」跨國研究之核心素養的理論要素與整體參考架構：

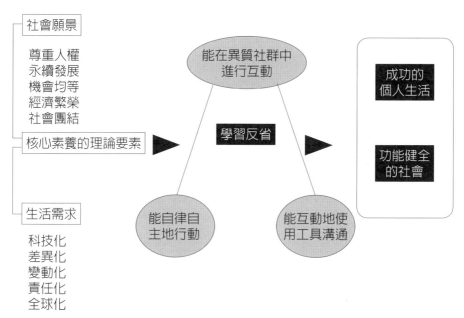

圖4-3 核心素養的理論要素與整體參考架構

資料來源：修改自「素養的界定與選擇」研究（Gilomen, 2003b, 184）

　　「經濟合作與發展組織」的核心素養理論要素是建立在民主政治、尊重人權、永續發展、機會均等、經濟繁榮、社會團結等社會願景之上，以及科技化、差異化、變動化、責任化、全球化等生活需求之上（Gilomen, 2003b），透過培養個人的學習反省與主體的能動性，以協助個人得以在快速變遷的環境脈絡情境之中，學習獲得「能自律自主地行動」、「能在異質性的社會群體中進行互動」、「能互動地使用工具溝通」等核心素養，以進行成功的個人生活與建立功能健全的社會（Canto-Sperber & Dupuy, 2001）。

　　這三組不同但是有彼此關聯的核心素養，可以提供核心素養理論構念的一種參考基礎，也反應「經濟合作與發展組織」會員國的團隊

合作精神，強調在尊重成員國各自不同的語言及傳統社會生活情境的大前提下，「多元差異中的統整」（united in diversity）之同盟精神，提供共同的架構以協助各國界定與選擇可能的核心素養，透過學習協助各會員國國民獲得並持續更新知識、能力與態度，作為各國公民教育訓練之務實基礎，透過義務教育、高等教育至成人教育，規劃整體教育訓練架構，強調教育訓練必須兼顧社會與經濟兩種功能，形成一個公平而無歧視的歐洲社會與世界環境，特別是幫助瀕臨社會排斥者並提高勞動參與，提供更多就業機會使經濟繁榮成長，同時更確保社會團結，保障公民的自由、安全與正義，維護世界和平與穩定（王世英、張鈿富、吳慧子、吳舒靜，2009；劉蔚之與彭森明，2008；Commission of the European Communities, 2005a, 2005b; European Commission, 2004a）。

此種核心素養的意義，也合乎「聯合國教育科學文化組織」、「經濟合作與發展組織」以及「歐盟」等國際組織，強調透過國民核心素養之培養（吳明烈，2009），而且國民核心素養之培養，也促成了「成功的個人生活」及「功能健全的社會」（OECD, 2005a, 2005b; The European Association for University Lifelong Learning, 2009; UNESCO Institute for Lifelong Learning, 2008a, 2008b, 2009）。以下將進一步論述。

🌐 3.核心素養的功能可以協助個人獲得「成功的個人生活」，進而建構「功能健全的社會」

核心素養可協助個人獲得「成功的個人生活」，進而建構「功能健全的社會」，就「核心素養的功能」而言，可從「成功的個人生活」及「功能健全的社會」來看待核心素養的功能（洪裕宏，2011），其教育功能便在培育優質的國民，透過個人發展的「個人功能」以及社會

發展的「社會功能」，以協助個人獲得「成功的個人生活」，進而建構「功能健全的社會」。特別是「能自律自主地行動」、「能在異質性的社會群體中進行互動」、「能互動地使用工具溝通」等等核心素養，可以協助「個人發展」有效因應生活需求，協助個人自我實現以獲得成功生活，進而協助「社會發展」以建立功能健全的社會（OECD, 2005a; 2005b）；就核心素養的功能而言，不僅是可從「社會發展」的基礎功能觀點與「個人發展」的個人生存觀點來探究核心素養的功能，更可以從「成功的個人生活」及「功能健全的社會」來看待核心素養的功能（Canto-Sperber & Dupuy, 2001）。

這個「核心素養的功能」回應了本書上一章「核心素養的選擇」所言，核心素養之「關鍵的」核心價值條件。亦即，核心素養是協助個人獲得「成功的個人生活」並進而建構「功能健全的社會」之關鍵要素。特別是從「成功的個人生活」及「功能健全的社會」來看待核心素養的功能（Gilomen, 2003b），其教育功能便在培育優質的國民，透過個人發展的「個人功能」以及社會發展的「社會功能」，以協助個人獲得「成功的個人生活」並進而建構「功能健全的社會」。這就是為什麼「核心素養」被許多國際組織的西方世界先進國家當成是教育改革的關鍵DNA，是教育基因改造的核心，是個人發展與社會發展的關鍵，因為，一方面核心素養可以協助個人獲得「成功的個人生活」，亦即「優質生活」；另一方面，核心素養可以協助人類因應當前「資訊社會」及未來「優質社會」的各種社會場域生活之挑戰，亦即建立「功能健全的社會」（Canto-Sperber & Dupuy, 2001; Rychen & Salganik, 2003）。

就更寬廣的視野而觀之，可從「成功的個人生活」及「功能健全的社會」來看待核心素養的功能（Gilomen, 2003b），其教育功能便在促進個人發展自我實現以培育優質的國民（Salganik, 2001）。換言

之，核心素養就是「優質生活」所須的素養（Canto-Sperber & Dupuy, 2001），可協助個人獲得成功的個人生活，進而建立功能健全的「優質社會」（Rychen & Salganik, 2003）；這種「優質」的個人發展與「優質」的社會發展（Gilomen, 2003a），包涵著建立一個具有民主政治、尊重人權、永續發展、機會均等、經濟繁榮、社會團結融合、世界和平等社會願景之上；而且從「優質」個人發展的觀點而言，核心素養具備「優質」的教育功能，其教育功能便在培育能自我實現的「優質」國民，也包涵個人能成功地獲得「成功的個人生活」以及參與「功能健全的社會」的就業市場、政治歷程、社會網絡與有意義的人際關係並能普遍地滿意個人的生活（蔡清田，2011b；Rychen & Salganik, 2003），茲將「成功的個人生活」及「功能健全的社會」此兩個面向闡述如次：

(1)「成功的個人生活」之八面向

從庶民生活面向而言，一般有所謂：「好吃不過餃子，好過不若躺著」；進一步地從「成功的個人生活」方面而言（洪裕宏，2011），「優質」的個人發展之自我實現是包括多面向的，「成功的個人生活」之主要面向包括八面向（Gilomen, 2003a；Rychen & Salganik, 2003），亦即：

①「經濟地位與資源」，包括有報酬的就業工作，以及收入與資產財富；

②「政治權利與權力」，包括參與民主政治決定的權力分享，以及參與利益團體；

③「學術知識的心智資源」，包括接受正式教育，以及獲得核心素養的學習機會與資源；

④「住宅與基礎建設」，包括居住的品質，以及社區週遭環境的公共基礎建設；

⑤「個人的健康與安全」，包括主觀與客觀的身心健康，以及個人的人身安全；

⑥「社會網絡」（社會資本），包括家庭與朋友，親戚及熟人故舊等社會資本；

⑦「休閒與文化活動」，包括參與休閒活動，以及參與文化活動；

⑧「個人的滿足與價值導向」，包括個人的滿足，以及價值導向的自律自主。

但是，就「優質生活」而言，「成功的個人生活」有三方面是值得注意的，第一是，成功的個人生活是多面的，包括主觀與客觀的資源之接觸管道與接觸的可能性等因素；而且第二，這八面向對每一個人或每一個情境或每一個社會而言，不一定都是同等重要的，但都必須加以考慮；第三，這個八面向可能成為一種或多或少的連續體，可以成為評估「核心素養」是否達成「預期結果」之間的一種量表（Rychen & Salganik, 2003）。但是，經濟上的成功，只是實現其他人生理想的基礎。除了經濟上的成功之外，自我實現的程度、高品質的生活內涵、社會地位與人際關係等，都是成功人生的重要內涵。

特別是西方世界的先進國家已歷經過文藝復興與啟蒙運動之洗禮，其感性與理性具備，當代民主憲政思維深植人心，因此，其「素養的界定與選擇」（Definition and Selection of Competencies: Theoretical and Conceptual Foundations，簡稱DeSeCo）之跨國研究，並不太需要考慮歷史文化面與思想哲學面向。而且西方世界的先進國家對文藝復興與啟蒙運動所發展出來的現代性（modernity）已有尖銳的批判，如解釋學與後現代主義，二次世界大戰之後流行的存在主義也嚴厲批判理性

（彭小妍、王瓊玲、戴景賢，2008）。但是，臺灣社會的現代性只是形式的現代性，缺乏實質內涵，因為現代性的思想內涵並未普遍深植人心，頂多只是橫向移植西方民主憲政與科技，因為我國人民普遍欠缺現代性思想內涵（洪裕宏，2008）。臺灣的歷史孕育了多元文化的社會，涵蓋中國、歐洲、日本、美國與臺灣本土原住民文化。最近三十年來，臺灣在政治、經濟與文化各方面都快速全球化。臺灣本土資源不足，依賴全球市場甚深，如何在全球化下仍能保存臺灣獨特文化與社會價值，一方面可以求生存，另一方面又可自行發展自己的人文傳統，維護臺灣文化主體性，讓我國除了發展經濟，也能在民主政治、文化、藝術、文學、科技等各方面對世界文明做出貢獻。這些都有賴於國民核心素養的界定與選擇及培育，思考如何全面提升我國的文化素質與國民的核心素養（顧忠華、吳密察、黃東益，2008）。

(2)「功能健全的社會」之六面向

再從「功能健全的社會」方面而言，功能健全的社會發展包括六面向（Gilomen, 2003a; Rychen & Salganik, 2003），亦即：

①「經濟生產力」（economic productivity），核心素養在經濟地位與資源方面，除了可以促成個人有能力獲得有報酬的工作就業以及收入與資產財富之外，也可以進一步促成社會經濟生產力繁榮（洪裕宏，2011）；

②「民主程序」（democratic processes），核心素養在政治權利與權力方面，除了可以促成個人有能力獲得參與民主政治決定的權力分享以及參與利益團體之外，也可以進一步促成社會民主歷程；

③「團結與社會凝聚」（solidarity and social cohesion），這是社

會網絡資本的一個面向，核心素養在社會網絡資本方面，除了可以促成個人有能力獲得家人與朋友以及親戚及故舊等社會資本之外，並可建立共享的價值以凝聚集體意識認同與社會團結整合；

④「人權與和平」（human rights and peace），核心素養除了可以促成個人有能力獲得個人的滿足與培養個人人格、尊嚴等自律自主的價值取向之外，特別是有助於實踐聯合國「人權宣言」（Universal Declaration of Human Rights）（United Nations Organization, 1948），促成彼此理解、包容異己、尊重基本自由、正義、和平等價值（梁福鎮，2009）；

⑤「機會均等、公平正義與免於歧視」（equity, equality, and the absence of discrimination），核心素養除了可以促成個人有能力獲得心智資源的均等機會，以接受正式教育與學習機會，參與休閒與文化活動之外，更可以達成聯合國「人權宣言」所強調的機會均等、公平正義與免於歧視等重要社會價值之基本原則，可以實踐優質社會的重要價值；

⑥「生態永續」（ecological sustainability），核心素養除了可以促成個人有能力獲得個人的健康與安全，協助個人有能力維護住家與社區週遭環境的公共基礎建設品質之外，特別是甚至可以進一步實踐聯合國環境與發展會議（United Nations Conference on Environment and Development, 1992），決議保護人類遺產的自然生態永續發展，除了共同防治污染與生態破壞之外，更可共同保護生態品質，以獲得溫暖陽光、新鮮空氣的健康環境，並改善人類生活水準，建構一個功能健全的社會。

是以，從「成功的個人生活」及「功能健全的社會」來看待核心

素養的功能（Canto-Sperber & Dupuy, 2001），其教育功能便在培育優質國民的核心素養（Salganik, 2001），以營優質的生活。值得注意的是，上述核心素養的「個人功能」與「社會功能」是有相當程度的交集重疊之處，這代表核心素養同時具備「個人發展」的功能與「社會發展」的功能，儘管經濟繁榮、生態保護、社會正義等等之間可能會彼此相互衝突，但是這些衝突都是短期的，就人類長期發展的整體觀點而言，他們都是彼此相輔相成與相互依賴（Delors & Draxler, 2001），而且也必須同時兼顧的（Noddings, 2005），就如同核心素養是彼此關係密切的「群組」系列，核心素養的個人功能與社會功能，也是如同核心素養的「群組」系列之關係組合，彼此相輔相成與相互依賴（Gilomen, 2003a）。

特別是，從經濟面向而言，上述的核心素養之成果，也是經濟繁榮的重要因素，核心素養不僅是個人生存的重要因素，更是繁榮經濟與增進市場競爭力的重要關鍵因素。這是「經濟合作與發展組織」與歐盟各會員國之工商企業雇主，關注的人力資源與各種行業工會關注的就業機會與職業訓練之焦點，更透過職業雇主調查與工作分析（job analyses）（Rychen & Salganik, 2000），以界定並選擇核心素養的內涵。「經濟合作與發展組織」與歐盟各會員國紛紛透過國家層面所進行的研究，以探究各國國民應該具備的教育素養，以作為國家的教育目的、課程目標、學習標準（Salganik & Stephens, 2003），並將這些內涵納入課程規劃之中，加強全球公民素養的培養，充實公民的知識廣度，訓練其分析判斷的能力，涵養規範判斷的態度，以培養具有批判能力民主精神和全球化的優質公民素養（梁福鎮，2009）。

有趣的是，這些「經濟合作與發展組織」與歐盟各會員國之已開發國家，在教育方面大都強調社會的與民主的（social and democratic）

價值、包容（tolerance）與人權（human rights），在經濟方面大都強調個人的品格如正義（integrity）、責任（reliability）、忠忱（誠）（loyalty）與誠實（honesty）（Trier, 2003）。然而，值得注意的是上述指標多少反映了「經濟合作與發展組織」與歐盟各會員國家所接受的自由主義理想社會之假定。社會正義，尤其是經濟分配正義沒被直接提出來，而隱含在團結與社會凝聚及平等與平權這二項指標內。自由主義市場經濟的主要問題在貧富不均。雖然有如John Rawls等哲學家主張經濟分配的不平等可以是正義的，如果因此可以導致經濟階層最底層的人因而受益，但是這種主張難以得到實證證明，至多只是一個哲學理想。一個優質的社會不應容許過大的貧富差距，政府應在租稅、財政政策與社會福利政策來重分配財富（洪裕宏，2008）。

值得進一步思考的是，我國的國民需要具備哪些核心素養？我國的國民需要具備那些核心素養，以培養「成功的個人生活」及建設「功能健全的社會」，特別是建設一個多元、開放，能夠吸納西方世界文化精華，又保存台灣在地特色的社會文化環境？在社會互動的生活場域中，我國國民應該具備那些核心素養，才能夠培養出充份信任、坦誠合作、協調互助、發揮個人優點與團隊精神的社會互動能力素養？顧忠華、吳密察、黃東益（2008）從歷史、文化及社會面向切入，探討「公民身份」，指出至少包括：(1)具有明確的認同意識；(2)享有基本的公民權利；(3)願意承擔責任與義務；(4)能積極參與公共事務；(5)接受民主價值觀。

顧忠華、吳密察、黃東益更進一步指出台灣公民十分理解目前全球化的趨勢，但是，也希望能夠「瞭解自己的位置、差異，在全球化的浪潮下不致迷失」，採取兼容並蓄的態度。而在群體及個人權益之間的權衡上，則明顯偏於「自身的權利必須勇於爭取，勇於表達自己的意

見」，可說較注重個人主義式的價值觀，這也符應公民自主性的特質。同時，「解決問題、終身學習能力」與「啓發式、互動式的教育」都得到多數肯定，也期待透過實踐的方式來落實公民教育。整體而言，我國的公民們已不太傾向以集體主義來強制自己的思想行爲，這在台灣社會解嚴之後，已逐漸看到成熟公民的影子，普遍認同獨立思考能力的重要性。這些相關研究發現的核心素養之功能，具有培育我國國民核心素養的參考價值。

特別是，核心素養具有「個人發展」與「社會發展」等雙重功能，核心素養可作爲教育目標之重要來源，核心素養被國際組織的先進國家當成課程改革的關鍵DNA，是優質教育改革之關鍵DNA，更是透過課程發展與設計的改革以促進「個人發展」與「社會發展」的核心，也是協助個人獲得「成功的個人生活」，進而建構「功能健全的社會」之重要關鍵。總之，「核心素養」具有「個人發展」以及「社會發展」等雙重功能；核心素養可以作爲「教育目標的重要來源」；核心素養不僅有助於個人開展潛能，且可產生經濟與社會效益，並可培養國民的終身學習、社會公民責任等各種社會核心價值，核心素養可作爲教育目標之重要來源；而且核心素養可協助個人獲得「成功的個人生活」，進而建構「功能健全的社會」，可從「成功的個人生活」及「功能健全的社會」的雙重面向來論述核心素養的個人功能與社會功能，其教育功能便在培育優質的國民核心素養（洪裕宏，2011）。

換言之，核心素養，同時具有重要的「個人功能」與「社會功能」，可有助於「個人發展」成爲主體能動者，使其能在生活情境中，能成功地滿足生活情境中的各種不同社會場域之複雜需求（Canto-Sperber & Dupuy, 2001），順利執行生活或工作任務（Rychen & Salganik, 2000）。這是以功能來界定核心素養，是一種能成功地回應個

人或社會需求、強調「廣泛及整體的觀點」、不限於學校教育或職業生涯所需取得之核心素養，前瞻性地探索未來社會中，培養個人應具備的核心素養，同時促成「成功的個人生活」及「功能健全的社會」（Rychen & Salganik, 2003）。這是採用「需求取向」或「功能取向」的論點，強調主體能動者的個人在各種不同社會場域的複雜環境中，如何藉由自我、思考、選擇、及行動，來獲致成功人生與優質生活等理想結果，可以培養優質社會的優質國民、優質世界的優質公民，讓國家更有競爭力，人民生活更好（洪裕宏，2008）。

可見核心素養除了具備上述功能之外，更進一步而值得特別注意的是，核心素養在課程改革中被「聯合國教育科學文化組織」（UNESCO）、「歐洲聯盟」（EU）、「經濟合作與發展組織」（OECD）等等許多國際組織的先進國家當成課程改革的DNA，更是透過課程改革以促進「個人發展」與「社會發展」的核心。其最主要的關鍵是「核心素養」與個人所處的生活環境脈絡情境有著密切的「整體」關係，包括了個人所處外部生活環境脈絡情境之下的各種社會場域複雜任務要求，個人內部情境的社會心智運作機制之認知、技能以及情意等行動的先決條件，主體能動者的行動等素養的構成要素，以及其間的複雜關係，這些都是進行課程改革所不可忽略的重要因素。

尤其是從課程學理的角度進行國民核心素養之課程研究，可將核心素養視同課程改革的DNA，可做為研發《十二年一貫課程體系指引》（K-12年級一貫體系指引）與《十二年一貫課程綱要》（K-12年級一貫課程綱要）之「國民核心素養」之核心要素與理論依據，而不只是課程設計的經緯線，核心素養如同人體構造要素之DNA組織綿密且環環相扣而結構嚴謹，可加強國民教育階段課程一貫性，使幼兒園、國民小學、國民中學、高中職教育階段的課程前後連貫，使國民中小學九年一

貫課程向下扎根到幼兒教育階段，並向上銜接到高中職與五專前三年的後期中等教育階段，促成國民教育K-12年級課程的「繼續性」（continuity）、「順序性」（sequence）、「統整性」（integration）、「銜接性」（articulation）與「連貫性」（coherence）（黃光雄、蔡清田，2009；黃政傑，1991；蔡清田，2008a）。這種「核心素養」的獨特功能，回應了本書前章「核心素養的架構」與「核心素養的選擇」所言，核心素養之「關鍵的」、「必要的」、「重要的」等選擇的核心價值條件，而且也是本書下一章「核心素養的培育」之論述根據，作者將在本書第五章進一步加以闡明。

第 5 章

核心素養的培育

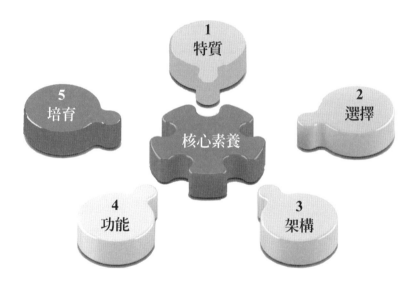

　　本書上一章指出「核心素養」可以有效因應生活需求，具有「個人發展」與「社會發展」等雙重功能，核心素養可作爲教育目標之重要來源，核心素養可協助個人自我實現，獲得成功的個人生活，進而建構功能健全的社會（OECD, 2005a; 2005b），一方面從有助個人生存的功能觀點出發，核心素養的功能可以協助個人獲得優質生活（good life）與成功的人生（Canto-Sperber & Dupuy, 2001），而且另一方面，更進一步地，從社會的功能的觀點出發，可以培育健全國民與世界公民（Elkin & Scoltan, 1999），增進社會福祉，建立功能健全的社會（Rychen & Salganik, 2003），促成社會經濟繁榮、政治民主、尊重人權與世界和平、生態永續發展等人類理想願景價值之實現（Lynch & Hanson, 2011）。

　　「核心素養」可說是課程發展與設計的關鍵DNA，是教育基因改造的核心，是「個人發展」與「社會發展」的關鍵，更是一種必須透過不同教育階段長期培育的教育基因改造之課程改革任務（蔡清田，2011），特別是這種個人可以透過與情境互動而學習獲得的社會素養（social competence），也可以透過楷模參照（referring to examples）與情境模範（situational modelling）而進行教與學（蔡清田，2011a，2011b；Wang, 2012）。這呼應了「聯合國教育科學文化組織」提出「學會求知」（learning to know）、「學會做事」（learning to do）、「學會與人相處」（learning to live together）、「學會自我實現」（learning to be）、「學會改變」（learning to change）等終身學習的核心素養（Delors et al., 1996; UNESCO Institute for Education, 2003）。

　　就我國社會需要與人才培育而言，將「核心素養」視爲是課程發展與設計的關鍵DNA，將可回應了黃金十年《中華民國教育報告書》

培養公民素養的關鍵必要之重要性（教育部，2011a），特別是2010年8月底政府召開「第八次全國教育會議」，第一個討論主題即為「現代公民素養培育」，之後彙整各方意見訂定《中華民國教育報告書》；因為面對社會急遽變遷與科技日新月異的趨勢及各項挑戰，未來社會所需人才，必須具備「以人為主體」的統整思維能力，兼具在地關懷與全球視野的現代國民素養：而現代國民素養的培育需由人與己、人與人、人與社群、人與自然等面向，層層外擴並形成螺旋式的發展（教育部，2011b）。這也呼應了「經濟合作與發展組織」所進行的「素養的界定與選擇」（Definition and Selection of Competencies: Theoretical and Conceptual Foundations，簡稱DeSeCo）之跨國研究（OECD, 2005a; 2005b; Rychen & Salganik, 2003），也提出「能自律自主地行動」（acting autonomously）、「能互動地使用工具溝通」（using tools interactively）、「能在異質社群中進行互動」（interacting in socially heterogeneous groups）等核心素養之重要性。

　　就核心素養的培育而言，「核心素養」是課程發展與設計的關鍵DNA，誠如本書第一章「核心素養的特質」所指出的，核心素養此種複合的理論構念特質具有「多元面向」、「多元功能」、「多元場域」、「高階複雜」、「長期培育」的特性，涉及反省思考及行動與學習的高階心智複雜性，而且核心素養必須透過各級教育階段的終身學習之長期培育的特質，因此，核心素養被譽為課程發展與設計的關鍵DNA（蔡清田，2011a，2011b），換言之，核心素養涉及既有深度又有廣度的高階複雜反省思考之運作機制，具有複雜科學理論的複雜思維（complex thought）之精神，如同DNA這種去氧核糖核酸是存在於人體細胞的一種有機化合物，具有高階複雜性的基因密碼，而且是人體細胞所構成的各種複雜器官與組織系統之構成要素，可以透過不同組合成

為各種不同領域的組織系統，如同國民核心素養可以透過分齡設計，進一步發展轉化成為六歲、十二歲、十五歲、十八歲國民所應該學習獲得的核心素養（蔡清田、陳延興、吳明烈、盧美貴、陳聖謨、方德隆、林永豐，2011），也可以轉化成為幼兒園、國民小學、國民中學、高級中學、高級職業學校等各教育階段的核心素養，甚至可以進一步轉化成為各教育階段的語文、數學、自然與生活科技、社會、藝術與人文、健康與體育、綜合活動等等學習領域之領域核心素養，必須透過各級教育階段的終身學習之「長期培育」並在不同領域展現出各種不同功能，促進個人的自我實現與社會的健全發展（陳伯璋，2010a，2010b，2010c；蔡清田，2011a，2011b）。

　　本章「核心素養的培育」如下圖5-1「核心素養的培育」在《課程發展與設計的關鍵DNA：核心素養》一書中的組織結構系統圖像所示，是建立在前章「核心素養的功能」、「核心素養的架構」、「核心素養的選擇」與「核心素養的特質」等基礎之上。本章「核心素養的培育」乃是就作者發表於《教育研究月刊》〈以核心素養為指引的課程改革〉一文加以調整、更新、修正及補充最新資料文獻，與先前發表期刊文章內容有所區隔，特別是系統性論述課程改革的「核心素養」之培育。特別是本章指出國際組織倡導核心素養的重要性，以核心素養做為更新教育目標之重要來源；國際組織會員國的主要國家，推動以核心素養為指引的各教育階段課程改革；政府可透過教改的課程政策，研訂課程綱要，明確界定核心素養的架構與內涵；核心素養的培育，可導正過去重知識、重能力、忽略態度之教育偏失；政府可透過《十二年一貫課程體系指引》（K-12年級一貫課程體系指引）與《十二年一貫課程綱要》（K-12年級一貫課程綱要）之研擬，規劃以核心素養為主的課程、教學、學習與評量；進行核心素養為主的幼兒園與中小學

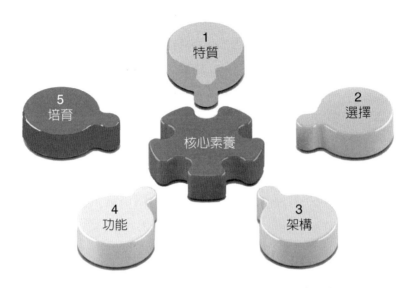

圖5-1　「核心素養的培育」在本書中的組織結構系統圖像

課程垂直連貫與水平統整之課程發展等等，這些教育培育的議題都是回應並依據第一章「核心素養的特質」之多元面向、多元功能、多元場域、高階複雜、長期培育等「三多元一高一長」等五項特質的基礎，第二章「核心素養的選擇」之「關鍵的」、「必要的」、「重要的」選擇規準，第三章「核心素養的架構」之三組相互關聯的核心素養，以及第四章「核心素養具有個人發展與社會發展等雙重功能」，「核心素養可作為教育目標之重要來源」，「核心素養可協助個人獲得成功的個人生活，進而建構功能健全的社會」等三種功能等等基礎之上，而對於國民核心素養的培育」具有重要影響與啟示。

　　從課程學理的角度進行國民核心素養之課程研究，可將核心素養視同課程發展與設計的關鍵DNA，可做為研發《十二年一貫課程體系指引》與《十二年一貫課程綱要》之核心要素，而不只是課程設計的經

緯線，核心素養如同人體構造要素之DNA組織綿密且環環相扣而結構嚴謹，可加強國民教育階段課程一貫性，使幼兒園、國民小學、國民中學、高中職教育階段的課程前後連貫（Lynch & Hanson, 2011），使國民中小學九年一貫課程向下扎根到幼兒教育階段，並向上連貫到高中職與五專前三年的後期中等教育階段，促成《十二年一貫課程體系指引》（K-12年級一貫課程體系指引）與《十二年一貫課程綱要》（K-12年級一貫課程綱要）的「繼續性」、「順序性」、「統整性」、「銜接性」與「連貫性」（黃光雄、蔡清田，2009；黃政傑，1991；蔡清田，2008a; Beane, 1995）。這種「核心素養」的獨特功能，回應了本書前章「核心素養的架構」與「核心素養的選擇」所言，核心素養之「關鍵的」、「必要的」、「重要的」等選擇的核心價值條件，更是「核心素養的培育」之論述根據，作者將再進一步加以闡明。

　　本章進一步特別是在「核心素養的功能」之基礎上，就核心素養的理論構念之培育，進行探究，特別是本書第四章曾指出核心素養可作為教育目標之重要來源，甚至可以成為各教育階段課程綱要的課程目標之重要來源與各學習領域課程內容的重要來源，因此，政府可透過教改的課程政策，研訂課程綱要，明確界定核心素養的架構與內涵。是以就「核心素養的培育」而言，可從「國際組織倡導核心素養的重要性，以核心素養做為更新教育目標之重要來源」；「國際組織會員國的主要國家，推動以核心素養為指引的各教育階段課程改革」；「政府可透過教改的課程政策，研訂課程綱要，明確界定核心素養的架構與內涵」；「核心素養的培育，可導正過去重知識、重能力、忽略態度之教育偏失」；「政府可透過課程綱要之研擬，規劃以核心素養為主的課程、教學、學習與評量」；「進行核心素養為主軸的幼兒園與中小學課程垂直連貫與水平統整之課程發展」等六要點分述如次：

6進行核心素養為主軸的幼兒園與中小學課程垂直連貫與水平統整之課程發展

1國際組織倡導核心素養的重要性，以核心素養做為更新教育目標之重要來源

5政府可透過課程綱要之研擬，規劃以核心素養為主的課程、教學、學習與評量

核心素養的培育

2國際組織會員國的主要國家，推動以核心素養為指引的各教育階段課程改革

4核心素養的培育，導正過去重知識、重能力、忽略態度之教育偏失

3政府可透過教改的課程政策，研訂課程綱要，明確界定核心素養的架構與內涵

圖5-2　核心素養的培育

1.國際組織倡導核心素養的重要性，以核心素養做為更新教育目標之重要來源

就「核心素養的培育」而言，「聯合國教育科學文化組織」（UNESCO）、「歐洲聯盟」（EU）、「經濟合作與發展組織」（OECD）等等國際組織倡導「核心素養」的重要性，並主張以核心素養做為更新教育目標之重要來源（Halasz & Michel, 2011）。核心素養是協助個人自我實現以獲得「成功的個人生活」，進而建立「功能健全的社會」所必須具備而不可欠缺的「關鍵素養」、「必要素養」、「重要素養」，是個人生活所必備的素養，也是現代社會公民的必備條件，對於個人的自我實現與發展、社會融合、積極公民權及就業，具有「關鍵的、必要的、重要的」核心價值條件（Inglis & Aers, 2008），核心

素養同時有利於個人成功生活，並有助於功能健全社會之發展，兼具個人與社會發展之雙重效益，而且核心素養是與人權與民主價值的人類世界願景相互呼應的（Rychen & Salganik, 2000）。

是以，依據特定核心素養所發展的課程教學活動（Rothwell & Graber, 2010），將有助學生提升其核心素養（胡志偉、郭建志、程景琳、陳修元，2008）。核心素養的教育目標在強調學生自律自主的學習與適性發展及社會發展，而且強調能學與應學的核心素養，但是，「能教」、「能學」、「可教」、「可學」，並不等同於「易教」、「易學」，因此，就「核心素養的培育」而言，最重要的問題是可以如何透過課程規劃加以培養核心素養（Weinert, 2001）？在未來多元社會以及變動不已的世界之中，個人需要的新知識、新能力與新態度之核心素養（UNESCO Institute for Lifelong Learning, 2008a）。

核心素養的培育，可追溯到「聯合國教育科學文化組織」（UNESCO）、「歐洲聯盟」（EU）、「經濟合作與發展組織」（OECD）等等國際組織倡導核心素養的重要性之影響。例如，歐盟（European Union, EU）提出，1.母語溝通（communication in the mother tongue）；2.外語溝通（communication in a foreign language）；3.數學素養（mathematical competences）以及科技基本素養（basic competences in science and technology）；4.數位素養（digital competence）；5.學習如何學習（learning to learn）；6.人際、跨文化與社會素養（interpersonal, intercultural and social competences）以及公民素養（civic competence）；7.積極創新應變的企業家精神（entrepreneurship）；8.文化表達（cultural expression）等八大核心素養（European Commission, 2005a; European Commission, 2005b; SCAD-Plus, 2006; Mashayekh & Bazargan, 2009; The European Association for

University Lifelong Learning, 2009）。

又如「經濟合作與發展組織」（OECD）自1997年推動「國際學生評量計畫」（Programme on International Student Assessment, PISA）以來，更進一步進行「素養的界定與選擇」（Definition and Selection of Competencies: Theoretical and Conceptual Foundations，簡稱DeSeCo）之跨國研究（OECD, 2005a; 2005b; Rychen & Salganik, 2003），試圖建構出讓學生不僅只有閱讀、數學、科學等方面的學科知能，而且能在複雜社會中，具有更廣泛解決問題以追求「成功生活」（successful life）與「健全社會」（well-functioning society）的核心素養。特別是核心素養的培育需要終身學習，譬如自律自主地行動、在異質社群中互動、互動地使用工具溝通等素養，必須從幼小時候開始學習，然後持續終生發展。核心素養的終身學習，有助於個人獲得優質生活及成功的人生並建立一個功能健全的社會（Quane, 2003）。

聯合國教科文組織教育研究所（UNESCO, Institute for Education）在2003年所出版《開發寶藏：願景與策略2002-2007》一書提到，為適應社會不斷的變遷，現代人必須具備「學會求知」、「學會做事」、「學會與人相處」、「學會發展」、「學會改變」等終身學習的核心素養（Delors et al., 1996; UNESCO Institute for Education, 2003），而且為了能充分發展閱讀、思考、生活與創造能力，學習已經成為終身的持續歷程。而且核心素養的發展，也是終身學習的歷程，並非僅存於生命中的某個階段，必須從個人小時候即開始培育，而後持續發展到終其一生。整體而言，核心素養的培育與發展涉及層面頗廣，主要涉及教育政策、學習者、學校以及社會各層面，各層面環環相扣，必須透過整體規劃各階段教育與社會教育，方能充分發揮培育核心素養之效果。

「聯合國教育科學文化組織」所發表的《學習：內在的寶藏》報

告書更明確指出，教育是造就未來優質人才所需核心素養的重要方法。一方面，教育必須在持續變動不已的情境中，開展出複雜世界的地圖；另一方面，教育提供指南針，協助個人在環境的圖像中找到前進的通路（UNESCO Institute for Lifelong Learning, 2008b）。基於未來社會發展的觀點，傳統學校教育提供有限的知識與能力，但卻冀望其能無限期的使用，此舉已不符未來時代的需求。國家必須重視核心素養的培育之重要性，個人也必須在一生中把握與運用所有可能的教育機會以培育其核心素養，將個人知識、能力與態度並加以擴展並升級進化轉型成爲素養與核心素養，並不斷充實核心素養，進而適應複雜多變的世界（Delors et al., 1996）。

「聯合國教育科學文化組織」、「經濟合作與發展組織」、「歐洲聯盟」等國際組織以及西方各國學者所倡導的key competencies之理念，相當接近於我國學者所研究「核心素養」之理念，「核心素養」一方面可以彰顯「素養」的核心地位，另一方面「核心素養」並可涵蓋「核心能力」或「關鍵能力」等範疇，這是根據上述國際組織之相關核心素養研究以及我國國科會委託研究報告結論之理據（洪裕宏，2008；胡志偉、郭建志、程景琳、陳修元，2008；高涌泉、陳竹亭、翁秉仁、黃榮棋、王道還，2008；陳伯璋、張新仁、蔡清田、潘慧玲，2007；彭小妍、王瓔玲、戴景賢，2008；顧忠華、吳密察、黃東益，2008）。

延續上述前人的研究成果，「核心素養」是指較爲核心而重要的素養，係指個人爲了發展成爲一個健全個體，必須因應生活情境需求，所不可欠缺的知識、能力與態度之全方位國民的核心素養（陳伯璋、張新仁、蔡清田、潘慧玲，2007）。核心素養並非與生俱來的能力，而是需要透過各教育階段的長期培養（陳伯璋，2010），其所涉及的內

涵，並非單一面向，而是多元面向。核心素養意涵係指較為核心而重要，且透過國內外文獻探討、經過課程慎思與採納學者專家意見所界定並選擇出來的重要素養，亦即「社會參與」、「溝通互動」、「自主行動」等三種範疇之「語文表達與符號運用」、「資訊科技與媒體素養」、「藝術欣賞與生活美學」、「公民責任與道德實踐」、「人際關係與團隊合作」、「國際理解與多元文化」、「身心健康與自我實現」、「系統思考與問題解決」、「規劃執行與創新應變」等九個面向之素養。採用核心素養一詞，藉以彰顯其核心地位，並以「核心素養」涵蓋「關鍵能力」、「基本能力」、「核心能力」等相關名詞，以同時包含知識、能力與態度等面向，一方面可避免常人誤認能力相對於知識且容易忽略態度情意之偏失，另一方面並可強調知識、能力與態度統整之「核心素養」的理念；強調核心素養需要透過幼兒教育、初等教育階段、前期中等教育、後期中等教育等不同教育階段的長期培養，以建立K-12年級的各教育階段核心素養之連貫體系（蔡清田、陳延興、吳明烈、盧美貴、方德隆、陳聖謨、林永豐，2011；蔡清田、陳延興、盧美貴、方德隆、陳聖謨、林永豐、李懿芳，2012）。而且根據國際組織倡導核心素養的重要性，這些核心素養可作為更新教育目標之重要來源。

2.國際組織會員國的主要國家，推動以核心素養為指引的各教育階段課程改革

就「核心素養的培育」而言，「聯合國教育科學文化組織」（UNESCO）、「歐洲聯盟」（EU）、「經濟合作與發展組織」（OECD）等等國際組織倡導「核心素養」的重要性，並主張以核心素養做為更新教育目標之來源，而且課程不只是改變心智的工具（Egan,

2005），課程更是改進核心素養的設計，因此國際組織會員國的主要
國家，紛紛推動以核心素養爲指引進行各教育階段課程改革。特別是，
核心素養的培育與個人所處的生活環境脈絡情境有著整體的密切關係，
國際組織會員國的主要國家皆透過教育的建構，進行課程規劃、設計、
實施、評量，培養學生的核心素養，並檢核其核心素養。例如：「經濟
合作與發展組織」與歐盟便將素養界定爲知識、能力與態度的整合，
並能運用於特定的生活情境之中（OECD, 2005a; Rychen & Salganik,
2003; Commission of the European Communities, 2005b），核心素養則
是能夠支持個人的自我實現發展、促成社會發展、培養積極公民權及
就業生活的重要素養。當個人接受初始教育及訓練（initial education
and training）之後，應該發展出核心素養，俾以能適應社會生活。核
心素養應該持續發展、維持與更新，並且成爲終身學習的一部分（Eu-
ropean Commission, 2005），而非僅存於特定的教育階段（Rothwell &
Graber, 2010）。

　　就「核心素養的培育」而言，核心素養在德國、挪威、瑞典、芬
蘭、丹麥、紐西蘭、許多國家已經被當成教育目標的重要來源，並規
劃成爲重要學習領域的課程方案架構，以推動課程改革（Oates, 2003;
Salganik & Stephens, 2003; Trier, 2003），特別是歐盟會員國奧地利、
羅馬尼亞、波蘭、挪威等國強調以核心素養進行各教育階段課程改革，
主要進行跨越課程（cross-curricular）的發展策略；例如：奧地利與羅
馬尼亞規劃「課程綱要」（curricular guidelines），波蘭規劃「教育通
道」（educational pathways），挪威規劃「核心課程」（core curricu-
lum）並採取協同教學策略，以素養取向的教師職前教育與在職進修專
業發展取代科目取向的教學進路（subject-oriented approach），教師的
角色和評量學生學習結果的方法有了重大的變革（吳舒靜、吳慧子，

2010; European Commission, 2004c）。美國的課程統整學者（Drake, 1998）也指出以核心素養為指引的課程改革規劃途徑，有著下述的特點：(1)以核心素養作為課程規劃的開始；(2)核心素養、教學策略與學習評量是緊密結合前後一貫；(3)將焦點集中於學生將要學習的事項，而非教師所要做的；(4)核心素養是可觀察的與可加以測量的知識與技能；(5)並沒有嚴格規定時間界線以要求獲得核心素養；(6)學習領域與科目內容是可以獲得核心素養的媒介工具；(7)在核心素養的指引前提之下，教師可以自由採取任何教學型態；(8)以多元的教學促進核心素養的統整教育。

核心素養，是指學習者接受教育後，具備某種知識、能力、態度，足以勝任個人或社會任務行動，其所需的知識、能力、態度等面向的行動先決條件（Weinert, 2001），也是個人成功地因應在環境脈絡情境之下的各種社會場域複雜任務要求（Canto-Sperber & Dupuy, 2001），展現主體能動者所需行動的知識、能力、態度之一種「整體」因應互動體系（蔡清田，2011a），不只是可學、可教、可評量的理論構念（蔡清田，2011b），更可以透過教育建構的培養（Rychen & Salganik, 2003），經由課程規劃、設計、實施、評量，培養並評量學習者的核心素養。特別是，世界各國可以透過教育改革的課程政策，研訂課程綱要，明確界定核心素養的架構與內涵；可透過核心素養的培育，超越傳統知識和能力的教育，導正過去重知識、重能力、忽略態度之教育偏失；可透過課程綱要之研擬，規劃以核心素養為主的課程、教學、學習與評量；可進行核心素養為主的幼兒園與中小學課程垂直連貫與水平統整之課程發展。這些「核心素養的培育」之相關策略，值得進一步加以闡述。

3.政府可透過教改的課程政策，研訂課程綱要，明確界定核心素養的架構與內涵

　　將「核心素養」視爲是課程發展與設計的關鍵DNA而言，課程不只是改變心智的工具（Egan, 2005），課程更是改進核心素養的設計，政府可透過教改的課程政策，研訂《十二年一貫課程體系指引》（K-12年級一貫課程體系指引）與《十二年一貫課程綱要》（K-12年級一貫課程綱要）之核心要素，明確界定核心素養的架構與內涵。本書第四章曾指出核心素養可作爲教育目標之重要來源，甚至可以成爲各教育階段課程綱要的課程目標之重要來源與各學習領域課程內容的重要來源，特別是課程綱要是政府課程政策的官方正式具體文件（蔡清田，2003），課程綱要具有課程發展與設計的改革領導價值，具有規範與指引的作用，藉由課程綱要明確界定核心素養的架構與內涵，可以提供學校教學活動的具體規範性引導，以培養並提升國民的核心素養。特別是核心素養已經成爲許多「經濟合作與發展組織」以及「歐盟」等國際組織的會員國國家之教育目標（Rychen, 2003:65）。例如：核心素養在德國、挪威、瑞典、芬蘭、丹麥、紐西蘭、許多國家已經被當成整體的教育目標，並規劃成爲重要學習領域的課程方案架構，以推動課程改革（Oates, 2003; Salganik & Stephens, 2003; Trier, 2003）。

　　核心素養是課程發展與設計的關鍵DNA，一旦核心素養確立之後，才能發展各教育階段和各學習領域的課程綱要。課程綱要確定之後，一方面提供民間出版社，作爲編輯教科書的依據；一方面作爲政府審查教科書之用，師生才能有適切和優質的教科書可用。因此，核心素養的確立與選用，在教育和課程發展扮演著關鍵角色（吳清山，2011）。由於核心素養應不是單獨針對特定的學校教育階段與教育類

別，而是著眼於整個社會的教育體系與人力發展專業的共同架構（劉蔚之、彭森明，2008），更著眼於個人終身學習、生活適應、生涯發展、社會參與、公民責任等方面所需要的素養之培育與提升。我國政府可以推動以核心素養爲指引的各教育階段課程改革，進行課程規劃、設計、實施、評量，培養學生的核心素養，並檢核其核心素養。特別是政府可透過教改的課程政策，研訂《十二年一貫課程體系指引》（K-12年級一貫課程體系指引）與《十二年一貫課程綱要》（K-12年級一貫課程綱要），明確界定核心素養的架構與內涵，以促進國民具備核心素養，這是政府的一項責任（Fejes, 2008）。政府對於核心素養的培育應有完善的規劃並加以具體落實，例如「聯合國教科文組織」、「經濟合作與發展組織」、「歐盟」等國際組織皆透過委員會的運作，研擬國民的核心素養，特別是「經濟合作與發展組織」所推動的核心素養架構與內涵，歐盟考量到歐洲人的特殊需要，訂定出歐洲終身學習八大核心素養，且強調每一項核心素養係相依互賴且相輔相成，構成一組完整的核心素養體系（蔡清田，2011b）。

　　我國政府宜參考「聯合國教科文組織」、「經濟合作與發展組織」、「歐盟」等國際組織所提出之核心素養內涵，並斟酌臺灣本土的教育發展需要，進而明確訂定出能與國際社會接軌以及符合台灣本土需要的核心素養內涵，並將之納入到教育改革的課程政策之內，作爲未來核心素養的培育的努力方向，促使每一位國民在其一生中得以在家庭教育、學校教育以及社會教育範疇中，持續發展核心素養。就透過教育改革的課程政策以制訂核心素養而言，亦需考量到各項核心素養的優先順序（Hutmacher, 1997）。誠然，在強調國際人才的全球化時代中，各國之核心素養宜與國際組織之觀點相互接軌，然而，畢竟國情不同，各項核心素養難免會有輕重緩急之區分，因此，必須明確區分出各項核心

素養在六歲、十二歲、十五歲、十八歲的發展進階性與學生表現之期望
水準。

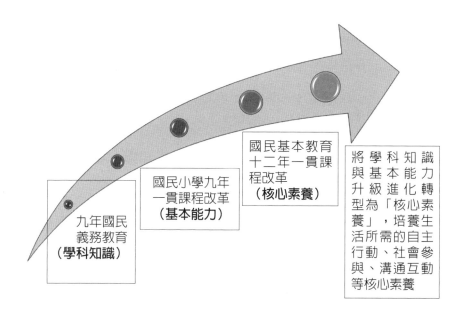

九年國民
義務教育
（**學科知識**）

國民小學九年
一貫課程改革
（**基本能力**）

國民基本教育
十二年一貫課
程改革
（**核心素養**）

將學科知識
與基本能力
升級進化轉
型為「核心素
養」，培養生
活所需的自主
行動、社會參
與、溝通互動
等核心素養

**圖5-3　國民基本教育十二年一貫課程改革核心素養涵蓋學科知識與基本
　　　　能力的關係圖（修改自蔡清田，2011b，157）**

　　但是特別值得注意的是，核心素養的培育是一項高難度而複雜的
艱鉅任務，特別是我國過去國民中小學九年一貫課程改革被誤解為強
調行為主義的「基本能力」，而相對地忽略知識與態度情意，因此，如
圖5-3所示爾後國民基本教育十二年一貫課程改革，不宜只是強調「學
科知識」或「基本能力」，而應同時重視知識、能力與態度情意，並將
十二年國民基本教育的課程理念內涵加以擴展並升級進化轉型成為能同
時統整學科知識、基本能力與態度情意的「核心素養」，以導正過去重
知識、重能力、忽略態度之偏失（蔡清田，2011b）；並進而以核心素

養為課程設計的經緯線，透過課程規劃以核心素養為主的課程、教學、學習與評量；甚至進而審慎規劃設計六歲、十二歲、十五歲、十八歲國民的核心素養，以核心素養作為K-12年級的核心課程要素，一方面以垂直連貫幼兒園課程、國民小學課程、國民中學課程、高中職課程等不同教育階段的課程內容（蔡清田、陳延興、吳明烈、盧美貴、陳聖謨、方德隆、林永豐，2011），另一方面以水平統整各學習領域的課程內容，同時達成垂直連貫與水平統整之效。

🏁 4.可透過核心素養的培育，導正過去重知識、重能力、忽略態度之教育偏失

　　政府可透過教改的課程政策，研訂《十二年一貫課程體系指引》（K-12年級一貫課程體系指引）與《十二年一貫課程綱要》（K-12年級一貫課程綱要），明確界定核心素養的架構與內涵，以促進國民具備核心素養。核心素養的培育，可超越傳統知識和能力的教育，可導正過去重知識、重能力、忽略態度之教育偏失。「素養」之意涵是「統整的」，除了知識、能力之外，尚包括了態度的意義，是指個人為了發展成為一個健全個體，必須因應生活情境需求所不可欠缺的全人素養或全方位的素養（陳伯璋、張新仁、蔡清田、潘慧玲，2007），泛指個人展現出來的、能夠有效因應社會生活情境要求所需要的知識、能力與態度等。核心素養可以用來具體規劃透過整體教育的每個教育階段之課程設計與教學實施，以培養其公民與國民所應具備的素養，其內涵包括知識、能力、態度，不只是知識，也不只是能力，更有態度的意涵，可超越傳統知識和能力的教育，可導正過去重知識、重能力、忽略態度之教育偏失（蔡清田，2011a）。

　　台灣學校教育常流於考試領導教學的弊病，僅重視知識與技能的

學習，而忽略情意教學的重要性。台灣教育環境所培養的學生常是考試能力一流，但在積極創新應變的企業家精神、自動自發方面的精神卻不足。目前大學畢業生一窩蜂搶佔公教人員的鐵飯碗，但產業界卻不易招聘到研發與管理的優質人才，導致就業者謀職不易、產業界發展遲緩的現象。此外，台灣的學生亦較缺乏自我學習的態度，學習常常需要依靠外在動機去引發與維持，一旦離開學校便失去自我學習的動機。最後，台灣的學生在自我負責方面的精神亦有所不足，在學校時作弊、盜版，出社會後收紅包、走後門，學校極少要求學生思考其自我行動對於個人與社會所造成的不良影響，更遑論引導學生思考如何透過其個人或集體的行動來幫助弱勢族群以建構更公平的社會（陳伯璋、張新仁、蔡清田、潘慧玲，2007）。

可見，知識的累積與能力的訓練，已不足以幫助個人面對當代社會生活需求所帶來的挑戰，個人要面對這些挑戰，必須具備處理複雜心智任務的核心素養，核心素養的培育，可導正過去重知識、重能力、忽略態度之教育偏失，具備這些核心素養的個人能夠運用其認知和實際的技能、創造能力以及其他的心理資源，例如態度、動機、以及價值。質言之，核心素養的特質便是個人在道德和智能思想上的成熟，能夠擔負起自我學習和行動的責任，可超越知識和能力的教育，導正過去重知識、重能力、忽略態度之偏失（蔡清田，2011a）。因此，進行核心素養之培育，宜特別強調認知、情意、與技能三者相互為用的重要性，亦即個人除了學習知識與技能之外，也必須培養自主、自發、自我導向、並能擔負起自我學習與行動責任的態度、動機與價值觀。此種核心素養可超越傳統知識和能力的教育，可導正過去重知識、重能力、忽略態度之教育偏失，可作為我國透過《十二年一貫課程體系指引》（K-12年級一貫課程體系指引）與《十二年一貫課程綱要》（K-12年級一貫課程綱

要）之研擬，規劃以核心素養爲主的課程、教學、學習與評量，作爲培養未來所需的優質人才之參考（蔡清田，2011b）。

🎖 5.可透過課程綱要之研擬，規劃以核心素養爲主的課程、教學、學習與評量

課程不只是改變心智的工具（Egan, 2005），課程更是改進核心素養的設計，政府可透過教改的課程政策，研訂《十二年一貫課程體系指引》（K-12年級一貫課程體系指引）與《十二年一貫課程綱要》（K-12年級一貫課程綱要），明確界定核心素養的架構與內涵，以促進國民具備核心素養。核心素養的培育，可超越傳統知識和能力的教育，可導正過去重知識、重能力、忽略態度之教育偏失。特別是，可透過《十二年一貫課程體系指引》（K-12年級一貫課程體系指引）與《十二年一貫課程綱要》（K-12年級一貫課程綱要）之研擬，規劃以核心素養爲主的課程、教學、學習與評量，核心素養是可教可學可評量的，這也彰顯了本書第一章所指出的「核心素養」這種理論構念具有動態發展的本質，「核心素養」是可學與可教的，是不斷成長與改變的，而且可因學習經驗、教學指導而發展（蔡清田，2011b）。

特別是可透過《十二年一貫課程體系指引》（《K-12年級一貫課程體系指引》）與《十二年一貫課程綱要》（《K-12年級一貫課程綱要》）的「核心素養」之研擬，是可以透過課程規劃、設計、實施、評量（蔡清田，2008a），闡明核心素養之課程規劃、教學策略、評量方法等，以收課程連貫之效（Beane, 1995; Glatthorn, 2000; Schmidt & Prawat, 2006）。例如：「經濟合作與發展組織」所進行的「素養的界定與選擇」（Definition and Selection of Competencies: Theoretical and Conceptual Foundations簡稱DeSeCo）之跨國研究，便提供了世界各國

進行「國際學生評量計畫」（Programme on International Student Assessment, PISA）以評估十五歲學生「核心素養」之理論依據（OECD, 2005a; 2005b; Rychen & Salganik, 2003）；但是，核心素養是台灣幼兒園與中小學校應該教而未教的「懸缺課程」（蔡清田，2008b），因此，可透過課程綱要之研擬，規劃以核心素養為主的課程、教學、學習與評量，以培養未來所需的核心素養。是以，在發展學生核心素養的教育過程，一方面來自於教師必須根據課程綱要所研擬的核心素養進行教學活動，由教師選擇適當的教學內容和善用適切教學與多樣評量方式，幫助學生有效學習核心素養；一方面透過學校所安排的各項學習活動和校外學習活動，發展各項核心素養（吳清山，2011）。學校體制並不僅在於促進學生完成學校教育，同時也需培養出個人在社會生活上所需要的核心素養，特別是個人完成中等教育之後，應該即具備社會生活所需要的核心素養，是以學校應扮演核心素養奠基者的角色，個人核心素養的發展過程中，學校乃是扮演著奠基者角色，促使個人對於各項核心素養有初步之認識與瞭解，並且體認到這些核心素養的重要性與必要性，進而產生發展核心素養的意願與行動力。此外，學校必須透過完善的課程規劃與實施，培養個人各項核心素養內涵，進而養成持續發展的習慣。

就此論之，核心素養必須在教育過程中，實質融入到各級學校課程並加以實施，各級學校的核心素養課程，亦應依其內容程度而有進階性。教師本身除了需精通核心素養外，更應該善用培養學生核心素養的方法，俾能有效培育學生具備各項核心素養，促進個人在各種社會生活場域中，持續強化與深化各項核心素養，進而促成個人成為能順應變遷且與時俱進的終身學習者，並將核心素養的培育、更新與發展與就業市場連結（Eurydice European Unit, 2007），而非僅侷限於教育訓練

機構內，而是進一步擴展到職場以及整個社會場域。運用社會夥伴模式（social partnership model）的運作，促使各社會機構組織的密切合作，建立熱絡的策略聯盟與夥伴關係，進而為國民核心素養的培育而盡力，俾以發揮1+1>2之統整總和效果（Green, 2000）。各類型社會機構組織，尤其是社會教育機構，允宜在課程結構中融入培養民眾核心素養的課程內容，此外，政府部門以及企業組織，亦應在教育訓練課程中，逐步強化組織成員的核心素養（吳明烈，2005）。

核心素養在教育情境脈絡中，其所需的知識、能力、態度等面向的行動先決條件（蔡清田，2011a），具有預期的教育目的和「課程目標」的「意向意義」（intended meaning）之價值，可透過教育進行課程規劃、設計、實施、評量。核心素養，涉及學習者所處的生活情境的需求、以及學習者的主體行動，是可以被觀察的部分，但是核心素養，所涉及比較深層的學習者個人內部情境之社會心智運作機制的認知、技能、情意等等行動的先決條件（蔡清田，2011b），以及透過學習獲得之知識、能力與態度等行動先決條件（Weinert, 2001），則是由外部情境觸動需求、以及學習者的行動等外在可被觀察評量檢測，而推論假定其應該存在。

核心素養涉及的知識、能力、態度等面向的行動先決條件，是可以加以預期與培育，具有教育目的和「課程目標」的「意向意義」價值，可透過課程規劃、設計、實施、評量，加以培養並評量檢核是否達成核心素養。核心素養，可以透過課程規劃成為學生學習所對應的教育目的與「課程目標」，並藉由課程規劃、設計、實施、評量，逐步實現預期教育目的與「課程目標」。換言之，在學生進行學習之前，可以規劃設計核心素養，使其成為學習者內心中對所要進行的學習目標，使其具有一個相對應的預期教育目的與意圖達成的「課程目標」，所以學生的學

習行動，不僅具有教育目的的「意向意義」，也是預期教育目的與「課程目標」之實踐，具有預期的教育目的和「課程目標」的「意向意義」價值，更可以透過課程規劃、設計、實施、評量，加以培養核心素養，並透過評量確實檢核是否達成核心素養。

是以未來《十二年一貫課程體系指引》（K-12年級一貫課程體系指引）與《十二年一貫課程綱要》（K-12年級一貫課程綱要），可將核心素養視為課程目標的重要來源，並將基本能力與核心能力的範疇擴大為核心素養，並採用理論導引課程目標與核心素養的建構，以規劃核心素養的架構。一個前瞻的核心素養之課程改革圖像，不僅是技術性地討論與調整各學制的科目與學分數，應能深入探究課程總綱內涵及各學習領域課程綱要之間的連貫，以核心素養為核心，透過課程綱要的基本理念與課程目標，界定核心素養的架構與內涵，據此進行課程規劃、設計、實施與評量，特別是需透過評量確實檢核是否達成核心素養，並確定學習者的達成程度，以免「政策說起來重要，教學做起來次要，評量考起來不要」之每下愈況現象。

核心素養的課程目標，必須與學習領域的課程內容、教學運作與實施通則、學習評量等進行緊密連結（蔡清田，2009），深入探討如何將核心素養的課程目標，轉化為更具體的各教育階段核心素養目標，甚至進一步說明各教育階段（或學習階段或年段）的核心素養所應該學習的知識、能力與態度，透過課程規劃、設計、實施與評鑑加以實踐，以培育符合未來社會下一代所需的核心素養。教育人員可以經由觀察學習者所處生活情境的各種不同社會場域之需要、以及學習者的行動，不只可以研究發展一套關於核心素養的理論，並可將此理念付諸實踐。如果學習者透過教育經由課程規劃、設計、實施、評量，可以產生生活情境需求引發的行動，激發學習者個人內在之社會心智運作機制的認知、技

能、情意價值動機等，以引導其學習獲得知識、能力、態度，可培養各
教育階段之核心素養，充實其內涵並提升其品質水準。

值得特別注意的是，「核心素養」並非是課程改革歷程當中的一
項單獨存在的部分，「核心素養」的理論構念，必須轉化成為核心素養
的各教育階段（或學習階段或年段）與學習領域指標或分段指標，並和
「正式規劃的課程」與「資源支持的課程」之課程內容、「實施教導的
課程」之教學策略、「學習獲得的課程」與「評量考試的課程」等等，
進行連貫與緊密聯結（蔡清田，2009）。以核心素養為指引的課程系
統，是指研發一種培育優質人才的課程，以協助學生達成核心素養為指
引的課程目標之一種課程系統。此系統的共同一致性是以核心素養為焦
點，包括教與學的活動、學生學習的材料、以及利用評量來記錄學生的
核心素養達成程度的學習單元、教學順序、學習經驗、活動或策略與評
量都是以核心素養為指引的。

◈ 6.進行核心素養為主軸的幼兒園與中小學課程垂直連貫與水平統整之課程發展

進行核心素養為主軸的幼兒園與中小學課程垂直連貫與水平統整之
課程發展（Beane, 1995; Jacobs, 2010），這種「核心素養的培育」，
是建立在前章「核心素養的功能」、「核心素養的架構」、「核心素養
的選擇」、「核心素養的特質」與「核心素養的理據」等基礎之上，特
別是優質國民所需的核心素養具有多元面向、多元功能、多元場域、高
階複雜、長期培育等「三多元一高一長」等五項特質，必須透過不同教
育階段的長期培育。是以政府可透過教育改革的課程政策，研訂《十二
年一貫課程體系指引》（K-12年級一貫課程體系指引）與《十二年一
貫課程綱要》（K-12年級一貫課程綱要），明確界定核心素養的架構

與內涵，規劃以核心素養爲主的課程、教學、學習與評量，特別是可進行核心素養爲主的幼兒園與中小學課程垂直連貫與水平統整之課程發展，進行課程發展之規劃、設計、實施與評鑑，以培育國民具備核心素養。從「核心素養的培育」而言，核心素養的培育，涉及各學校教育階段、各學習領域的教育與人才培訓的特定任務，包括課程目標的研擬、課程內容的規劃、教學材料的設計、教學歷程的實施、學習機會的安排、以及素養評量指標的建立等實際運作的需求，都必須將各項素養加以分層、分類加以規劃、設計、實施、評量（蔡清田，2008a; 2008b），方能實踐其理論構念。

　　根據「經濟合作與發展組織」（OECD）所辦理的「國際學生評量計畫」（PISA）所進行的研究發現，雖然在大部分的「經濟合作與發展組織」與歐盟會員國家之中，青年人離開學校之後，幾乎均已獲得中等學校教育文憑，然而，他們在成年生活中所需具備的核心知識與能力，卻仍有待加強。在許多國家中，至少有三分之一的學生無法完成具有適當複雜的閱讀任務，而這卻是所應具備的核心素養之一。可見，核心素養的確必須透過不同教育階段的長期培育，因爲核心素養是一種綜合知識概念、方法技能與態度情意的綜合表現，所以需要有機會讓學生在情境下練習問題的處理。而且，核心素養也是漸進、持續成長的過程，所以，學習過程，也需要有分階段的學習。例如，從好奇探究創新的過程觀點來區分，大致可分爲觀察情境產生疑惑好奇，關連經驗形成探索問題，提出計畫執行探究，解釋資料形成概念。在教學過程之中，需將重點放在某一個階段上，而不是全部。而且在整體課程規劃之上，需透過不同的教育階段以培養核心素養，並在每個主題規劃其個別的重點（吳敏而、黃茂在、趙鏡中、周筱亭，2010）。

　　而且值得注意的是，核心素養的培養機構不限於學校，在歐洲、日

本等都將家庭教育與社會教育作為未來國家發展的重要政策，不再將整個教育只投注在學校教育。許多基本價值和素養應在家庭中所養成，未來應該將家庭教育功能納入培育核心素養的重要機制。另外，社會學習機制、終身學習機制應也被重視。學校及在校外其他教育範疇所負責培育的核心素養應能標示區別，以能健全各教育機構之權責（陳伯璋、張新仁、蔡清田、潘慧玲，2007）。

是以，除了強化各學習領域之間的水平統整橫向連結之外，有必要將中小學一貫課程向下扎根到幼兒園教育階段，並且向上連貫到高中與高職教育，培養學生兼顧國民整體素養與重視各階段學習特性的核心素養。核心素養是可以在兒童期、青少年期、青年期與成年期等不同發展階段而逐漸發展與培育，並逐漸增進其心智的複雜性。例如，青少年期可以進行抽象思考，並透過自我反省思考以建構價值與理想，而且有將個人利益從屬於他人之下或附和其同儕團體的從眾傾向；成人期就能獲得更高水準的心智複雜性，得以進行獨立判斷，迴避「社會化的壓力」（Rychen & Salganik, 2003）。可見，個人所需的核心素養，是一個連續體的狀態，必須透過不同教育階段的長期培育。

本文從「聯合國教育科學文化組織」、「經濟合作與發展組織」、「歐盟」及英、美、紐、澳等國所推動的核心素養為指引的教育，指出素養的理論構念之意涵是「統整的」，是指「個人為了發展成為一個健全個體，必須因應生活情境需求所不可欠缺的全人素養，或全方位素養包括知識、能力、態度」；素養的理論構念之本質，包含知識、能力、態度，是後天習得的，也是可教、可學、可評量的理論構念；核心素養的理論構念之模式，與個人所處的生活環境脈絡情境有著「整體的」密切關係，包括了個人所處生活環境脈絡情境之下各種社會場域的複雜任務要求，個人內部情境之社會心智運作機制的認知、技

能、情意等行動的先決條件，個人展現主體能動者的負責任之行動等素養的構成要素，是個人成功地因應在環境脈絡情境之下的複雜任務要求（Canto-Sperber & Dupuy, 2001），展現主體能動者所需行動的知識、能力、態度之一種「整體」因應互動體系。

　　就核心素養的理論構念之理據而言，「核心素養」是「共同的」素養，而且也有其「共同的」學理之理據，可從多重角度思考的學理觀點，分別由哲學、人類學、心理學、經濟學、以及社會學等不同學術領域學者針對核心素養進行探討；核心素養的理論構念之特質，核心素養具備多種面向、多元功能、跨越各種社會場域、牽涉到反思與學習的高階心智複雜性；就核心素養的理論構念之選擇而言，核心素養必須具有「關鍵的、必要的、重要的」價值；核心素養三維論的架構範疇分別是「能自律自主地行動」，「能互動地使用工具」，與「能在異質社群中進行互動」；核心素養的理論構念之功能，可以有效處理生活需求，協助個人自我實現以獲得「成功的個人生活」，進而建立「成功的個人生活」（Canto-Sperber & Dupuy, 2001）。

　　核心素養必須透過不同教育階段的長期培育，核心素養的培育與個人所處的生活環境脈絡情境有著整體的密切關係，可以透過教育的建構，進行課程規劃、設計、實施、評量，培養並檢核核心素養。特別是，培養具有全球視野與終身學習核心素養的健全國民，並透過研擬《十二年一貫課程體系指引》（K-12年級一貫課程體系指引）與《十二年一貫課程綱要》（K-12年級一貫課程綱要），建立課程目標，培養學生學習的核心素養，經由學習領域的規劃與實施通則的建議，作為中央政府、地方政府、師資培育大學、學校教師等進行課程發展之參考，轉化為教材原型以提供教科書產業業者進行教科書的設計之參考，或進而轉化建立《教學綱要》以提供輔導團進行教學輔導與教師

課程發展與設計的關鍵DNA：核心素養

精進教學之參考，以研擬教師專業核心素養指標及教師專業發展評鑑指標的配套措施，提出教學處方策略，甚至研擬《學習評量綱要》，以利縮短《課程綱要》與教學現場的落差，並引導課程、教學、學習與評量的前後一貫與緊密聯結。

在這些基礎之上，本文建構核心素養的特質、選擇、架構、功能與培育，政府可據此研擬幼兒園、國小、國中、高中職等6歲、12歲、15歲、18歲之各教育階段所需的國民核心素養，成為各個教育階段的核心素養之檢查點，代表國家社會對該年齡層個人所應具備的知識、能力與態度之期待水準，可透過課程規劃、設計、實施、評量，加以培養並評量檢核是否達成核心素養（蔡清田，2008），作為進一步規劃《十二年一貫課程體系指引》（《K-12年級一貫課程體系指引》）與《十二年一貫課程綱要》（《K-12年級一貫課程綱要》）的核心素養與各領域綱要之課程架構內涵、連貫之課程設計原則、課程實施與學習評量要點等，以進行K-12年級一貫課程的垂直連貫並與各學習領域進行水平統整之課程設計，因應核心素養的課程改革，重視職前教師的核心素養之統整課程設計能力培養，強化教師專業發展課程、多元文化意識與教育行動素養，強化核心素養取向的教學，以培養國民核心素養的知識、能力與態度，因應國際化與本土化的未來生活之複雜需要（Jacobs, 2010）。

此種強調優質人才取向的核心素養之課程理論構念，可以一致而且有目的的方式，讓學習者和核心素養產生聯結，包括水平統整與垂直的連貫（Beane, 1995）。就課程與教學而言，每一種教育類型、每一個教育階段、每一個年級與每一個學習領域的每一門課所要教導與評量的核心素養及其相關的知識、能力與態度情意，都要明確地加以說明與陳述，而且強調核心素養的課程，應該包括以核心素養為依據的學習單

元，並且最好還要包含教學活動方案與教材出版品及其他學習資源等實例，而且每一種教育類型、每一個教育階段、每一個年級與每一個學習領域的每一門課也應該同時包括學習單元的教材資料庫。

總之，核心素養可以作為學校或各種社會場域中所需素養的正當理據，可透過各種情境脈絡的方式，例如像是在某一個學科領域中、或某一特定職業、或某一間公司裡加以學習與運用（Weinert, 2001:52）；從教育的觀點而言，素養是「可以透過教育加以引導的」、「可以透過教學加以培養的」、「可以透過學習獲得的」、而且各項核心素養的培養，均是一種終身學習與發展的歷程（Lynch & Hanson, 2011），而非僅存於特定的教育階段。其次，核心素養跨越生活的各種不同的多元社會場域，並跨越各級學校的主要學習領域課程科目內容及重要的新興議題。特別是，核心素養是不因情境差異而有不同的素養，讓人們可以終其一生無論在哪一個機構、擔任不同的工作、或處在各種不同的多變情境下，所需要或均能有效運用的核心素養，這是對每一個人都非常重要而關鍵的知識、能力與態度等行動的先決條件之整體，能夠協助個人有效參與學校教育、各行業市場、政治過程、社會網絡以及家庭生活。此種論點可以支持國民核心素養的研究，能兼顧個人與社會所需的一般生活或社會各種情境領域所需要的特定知識、能力與態度，亦能培養且重視溝通互動、自主行動、社會參與的核心素養。

綜上所述，《十二年一貫課程體系指引》（K-12年級一貫課程體系指引）與《十二年一貫課程綱要》（K-12年級一貫課程綱要）的「核心素養」是課程改革的關鍵DNA，更是可教、可學、可評量檢核的一個發展連續體，可經由課程規劃、設計、實施、評量，加以引導培養並評量檢核，可逐漸充實是國民基本教育的知識、能力、態度之內涵質量。就核心素養指引的課程改革而言，學校教育的責任，益形重要。

特別是核心素養相關的基本學力測驗之結果，往往成為學生家長、行政人員或學校教師的關心焦點，除了核心素養的相關基本學力測驗之外，學校的平常考、月考、期末考等定期評量之結果，皆應該儘量和核心素養之指標結合，學校需要的是高水準的核心素養具體指標與更大的績效責任。一旦猶豫不決、消極被動而未能將核心素養具體指標視為改進課程教學的媒介，則考試將會填滿此一中空狀態，造成考試宰制教學的情形而失去核心素養指引的課程改革焦點。

當關心教育改革的社會人士與家長及學校教育人員採取課程改革的具體行動，利用核心素養具體指標成為課程教學的焦點，以增進與學習的效果，學校教育人員可能強調核心素養指引的具體指標焦點，將考試評量的威脅危機轉化成為培養核心素養的學習機會，並且緊密聯結「正式規劃的課程」、「資源支持的課程」、「實施教導的課程」、「學習獲得的課程」與「評量考試的課程」，並將關注焦點從評量考試轉移到課程、教學、學習、評量的連貫（蔡清田，2008）。則核心素養將是政府部門可以「正式規劃的課程」，是教師可以「運作教導的課程」，也是學生可以「學習獲得的課程」，也是教育主管單位可以檢核「評量考試的課程」，更是學者專家可以繼續探究「研究評鑑的課程」（黃光雄、蔡清田，2009），這些都是未來探討「國民核心素養」的重要議題。

參考文獻

三民書局新辭典編彙委員會（1987）。**新辭典**。臺北市：三民書局。

王文靜（譯）（2004）。Lave, J. & Wenger, E.（2001）著。**情境學習：合法的邊緣性參與**（*Situated Learning: Legitimate Peripheral Partici-pation*）。上海市：華東師範大學出版社。

王世英、張鈿富、吳慧子、吳舒靜（2009）。**歐美澳「公民關鍵能力」發展之研究**。臺北市：國立教育資料館。

王俊斌（2009，11月）。**世界主義與共同責任意識——全球化狀況下的公民教育議題**。發表於國家教育研究院籌備處主辦「民主深化過程中的國家教育發展國際學術研討會」。國家教育研究院籌備處豐原院區。2009年11月7-8日。

王燦槐（1994）。全方位訓練的通識教育。2010年9月1日，取自http://enews.cc.ncu.edu.tw/enews/archives/news_global/001/news_global001.htm#no10

四一〇教育改革聯盟（1996）。**民間教育改革藍圖：朝向社會正義的結構性變革**。臺北市：時報文化。

安彥忠彥（2009，11月）。**課程改革理念、課程綱要與教科書轉化議題——日本觀點**。論文發表於「東亞地區課程改革脈絡下課程轉化議題國際學術研討會」。臺北市立教育大學，2009年11月14日。

成露茜、羊憶蓉（1996）。**邁向二十一世紀新教育——從澳洲關鍵能力教育計畫試探臺灣的教改前景**。臺北市：行政院教育改革審議委員會。

江宜樺（2006）。公民素養與理性審議能力。95/06/02演講，收錄於高涌泉、王道還、陳竹亭、翁秉仁、黃榮棋（2008）。**國民自然科學素養研究**。行政院國家科學委員會專題研究計畫成果報告

（NSC95-2511-S-005-001）。臺北市：國立臺灣大學。

羊憶蓉（1996）。1990年的澳洲教育改革：「核心能力」取向的教育計劃。**教改通訊，20**，2-3。

羊憶蓉、成露茜（1997）。從澳洲「關鍵能力」檢討臺灣的「能力本位教育」。**社教，78**，17-21。

行政院青年輔導委員會（2006）。**大專畢業生就業力調查**。臺北市：行政院青年輔導委員會。

行政院教育改革審議委員會（1996）。**教育改革總諮議報告書**。臺北市：行政院教育改革審議委員會。

吳京玲（2009，11月）。大學生核心能力指標建構之初探。載於國立暨南國際大學主辦之「**2009海峽兩岸高等教育永續發展學術研討會**」會議手冊（頁87-98），南投縣。

吳明烈（2005）。**終身學習：理念與實踐**。臺北市：五南。

吳明烈（2009，5月）。UNESCO、OECD與歐盟終身學習關鍵能力之比較研究。發表於「**教育行政的力與美**」國際學術研討會手冊（頁279-305）。國立臺灣師範大學，臺北市。

吳明烈（2009，10月）。終身學習關鍵能力的內涵與發展。發表於**國立中正大學創校校長林清江博士紀念學術研討會暨曾志朗名譽博士頒贈儀式**（pp. 43-62），國立中正大學，20091024。

吳明烈（2011）。**從國際接軌規劃我國國民核心素養及各教育階段的核心素養設計原則內涵與實施要點之研究**。國家教育研究院委託研究報告。嘉義：國立中正大學課程研究所。

吳清山（2011）。發展學生核心素養，提升學生未來適應力。**研習資訊，28** (4)，1-3。

吳清山、林天佑（1998）。基本能力、基本學力。**教育資料與研究，25**，75-77。

吳清基（2009，11月）。**教育施政理念與政策**。教育部第643次部務會報，98年11月5日，未出版。

吳祥輝（2006）。**芬蘭驚豔**。臺北市：遠流。

吳舒靜、吳慧子（2010）。經濟合作與發展組織」（OECD）與歐洲聯盟（EU）推動「公民關鍵能力」發展之國際經驗分析。**教育研究月刊，**189，40-52。

吳雅玲（2007）。**國立屏東科技大學學生基本能力**。國立屏東科技大學教學卓越計畫。

吳裕益（1998）。二十一世紀國民中小學生所需具備之關鍵能力。**國教天地，**129，24-27。

宋佩芬、陳麗華（2008）。全球教育之脈絡分析兼評臺灣的全球教育研究。課程與教學季刊，11(2)，1-26。

李奉儒（2009）。中小學課程之哲學基礎與理論趨向之研究與分析。國家教育研究院籌備處委託研究報告。嘉義：國立中正大學課程研究所。

李坤崇（2011）。**大學課程發展與學習成效評量**。臺北市：高教。

李坤崇（2012）。大學基本素養與核心能力的檢核機制。**教育研究月刊，**218，5-24。

李彥儀（2010，11月）。高等教育人才培育革新策略之研究──從核心能力觀點論之。論文發表於「全球化時代之關鍵能力與教育革新」國際學術研討會。國立臺灣師範大學教育系，2010年11月12-13日。

李家同（2010）。**李家同談教育：希望有人聽我的話**。臺北市：聯經。

沈姍姍（主編）（2010）。**國際組織與教育**。臺北市：高教。

周珮儀、黃政傑（2011，6月）。從全球化論我國百年來教科書政策的演進。論文發表於「教科書百年演進」國際學術研討會。國家教育研究院，2011年6月10-11日。

林永豐（2009）。中小學課程之社會變遷基礎與理論趨向之研究與分析。

國家教育研究院籌備處委託研究報告。嘉義：國立中正大學課程研究所。

林生傳（1999）。九年一貫課程的社會學評析。載於：中華民國課程與教學學會主編，**九年一貫課程之展望**（頁1-28）。臺北市：揚智。

林吟霞（2009，11月）。**自主學習取向之課程與教學——臺灣小學與德國小學「方案教學」個案比較**。「教育研究與教育政策之對話」國際學術研討會。國立臺灣師範大學，2009年11月21日。

林吟霞（2010，11月）。國語文教科書閱讀指導內容對應九年一貫課程綱要閱讀能力指標之研究，吳清山（主持人），**課程改革理念、教科書與教學實踐轉化議題——臺灣觀點**。論文發表於臺北市立教育大學主辦「東亞地區課程改革脈絡下課程轉化議題國際學術研討會」，臺北市，2009年11月14日。

林佳慧（2003）。**21世紀初紐西蘭第三級教育報告書與法案之研究**。暨南國際大學比較教育所碩士論文，未出版，南投。

林明煌（2009，11月）。日本中小學課程改革的現況和特色。本文發表於國立嘉義大學主辦之「2009年海峽兩岸中小學教師進階制度與教師專業發展評鑑學術研討會」。國立嘉義大學，2009年11月16-17日。

林清江（1994）。社會變遷與教育改革的關係。**教改通訊**，3(58)。臺北市：行政院教育改革審議委員會。

林清江（1996）。我國教育發展動向之評析。載於中華民國比較教育學會主編**教育改革：從傳統到後現代**（PP.15-23）。臺北市：師大書苑。

林清江（1998）。藉教育改革締造另一次臺灣經驗。**教師天地**，97，4-9。

林清江、蔡清田（1997）。**國民中小學課程發展共同原則**。教育部委託專案。嘉義：國立中正大學師資培育中心。

林煥祥、劉盛忠、林素微、李暉（2008）。**臺灣參加PISA2006成果報告**。行政院國家科學委員會專題研究計畫成果報告（NSC

95-2522-S-026-002）。花蓮：國立花蓮教育大學；高雄：國立高雄師範大學。

柯華葳（2011，3月）。不是不懂，而是懶得想。親子天下，21，28。

柯華葳（2011，7月）。素養是什麼？親子天下，25，30。

柯華葳、劉子鍵、劉旨峯（2005）。十八歲學生應具備基本能力研究。教育部中教司委託研究。桃園縣：國立中央大學學習與教學研究所。

柯華葳、戴浩一、曾玉村、曾淑賢、劉子鍵、辜玉旻、周育如（2010）。公民語文素養指標架構研究。行政院國家科學委員會專題研究計畫成果報告（NSC 98-2511-S-008-010-）。桃園縣：國立中央大學學習與教學研究所。

洪志成（2009）。中小學課程之教學學理基礎與理論趨向之研究與分析。國家教育研究院籌備處委託研究報告。嘉義縣：國立中正大學課程研究所。

洪裕宏（2005）。界定與選擇國民核心素養：概念參考架構與理論基礎研究。行政院國家科學委員會專題研究計畫。臺北市：國立陽明大學。

洪裕宏（2008）。界定與選擇國民核心素養：概念參考架構與理論基礎研究。行政院國家科學委員會專題研究計畫成果報告（NSC95-2511-S-010-001）。臺北市：國立陽明大學。

洪裕宏（2011）。定義與選擇國民核心素養的理論架構。研習資訊，28(4)，15-24。

洪福財（1999）。瞻前豈能不顧後？一位幼教人對九年一貫課程改革的省思。載於國立臺北師範學院實習輔導處主編：自主與卓越──九年一貫課程變革與展望（57-73）。臺北市：國立臺北師範學院。

洪碧霞、林素微、吳裕益（2011）。臺灣九年級學生閱讀樂趣與策略對PISA閱讀素養解釋力之探討。課程與教學季刊，14(4)，1-24。

鄒慧英、黃秀霜、陳昌明（2011）。從PISA2009建構反應題剖析臺灣學生

的閱讀問題。**課程與教學季刊**，14(4)，25-48。

胡幼慧（1996）。**質性研究**。臺北市：巨流。

胡志偉、郭建志、程景琳、陳修元（2008）。**能教學之適文化國民核心素養研究**。行政院國家科學委員會專題研究計畫成果報告（NSC95-2511-S-002-003）。臺北市：國立臺灣大學。

高旭平譯（1994）。Jacques Maritain（馬里坦）原著。**面臨抉擇的教育**。臺北市：桂冠。

高涌泉、王道還、陳竹亭、翁秉仁、黃榮棋（2008）。**國民自然科學素養研究**。行政院國家科學委員會專題研究計畫成果報告（NSC 95-2511-S-005-001）。臺北市：國立臺灣大學。

張一蕃（1997）。第四章資訊時代之國民素養與教育，載於謝清俊、尹建中、李英明、張一蕃、瞿海源、羅曉南、謝瀛春等（1997）《資訊科技對人文、社會的衝擊與影響期末研究報告》（頁92-100），行政院經濟建設委員會委託研究計畫，中央研究院資訊科學研究所執行。民國100年9月9日，取自http://www.sinica.edu.tw/~cdp/project/01/4_4.htm

張民選（2010）。**國際組織與教育發展**。上海市：上海教育出版社。

張秀雄、李琪明（2001）。**我國理想公民資質之研究**。行政院國家科學委員會專題研究計畫成果報告（NSC89-2413-003-035）。臺北市：國立臺灣師範大學。

張芬芬、陳麗華、楊國揚（2009，11月）。**課程改革理念、課程綱要與教科書轉化議題──臺灣觀點**。論文發表於臺北市立教育大學主辦「東亞地區課程改革脈絡下課程轉化議題國際學術研討會」。臺北市立教育大學，2009年11月14日。

張春興（1991）。**現代心理學**。臺北市：東華書局。

張銘秋、謝秀月、徐秋月（2009）。PISA科學素養之試題認知成分分析。**課程與教學季刊**，13(1)，1-20。

張茂桂、董秀蘭、王業立、黃美筠、陳婉琪、杜文苓（2011）。**臺灣政治、經濟、社會、文化與科技變遷趨勢對K-12課程的影響及啟示**。國家教育研究院研究報告。臺北市：中央研究院。

教育部（1999）。**國民中小學九年一貫課程基本能力實踐策略**。臺北市：國立臺師範大學教育研究中心專題研究成果報告。

教育部（2000）。〈基本能力實踐策略〉國民教育九年一貫課程。臺北市：教育部。

教育部（2000）。〈基本能力實踐策略〉國民教育九年一貫課程。臺北市：作者。

教育部（2003）。**國民中小學九年一貫課程各學習領域課程綱要**。2004年11月10日檢索自http://140.122.120.230/ejedata/kying/20031241215/index.htm?open

教育部（2006a）。**中小學一貫課程體系參考指引**。臺北市：作者。（教育部95年10月26日臺中(一)字第0950158737號函2009年5月26日，取自http://140.116.223.225/ concourse/CurriculumGuide(FinalText).pdf

教育部（2006b）。**推動十二年國民基本教育說帖**。臺北市：作者。

教育部（2007）。**強化中小學課程連貫與統整實施方案**。臺北市：作者。（96年7月5日臺中字第0960079476號函）2009年5月26日，取自http://140.111.34.179/news_detail. php?code=01&sn=289

教育部（2008）。**國民中小學九年一貫課程綱要**。臺北市：教育部國教司。

教育部（2011a）。中華民國教育報告書：黃金十年百年樹人。臺北市：作者。

教育部（2011b）。**十二年國民基本教育實施計畫**。臺北市：作者。

梁福鎮（2009）。全球化脈絡下臺灣公民教育的挑戰與回應。**教育科學期刊**，8(1)，63-86。

莊富源（2009，11月）。析論民主深化中的公民品德教育。「培育高素質現代國民與世界公民之教育規劃國際學術研討會」。國家教育研究院籌備處豐原院區，2009年11月7-8日。

許育典（2009，11月）。從教育基本權檢討公民教育下的媒體素養教育。「培育高素質現代國民與世界公民之教育規劃國際學術研討會」。國家教育研究院籌備處豐原院區，2009年11月7-8日。

許殷宏（2010，11月）。學生能力觀之探究——以一所勞動階級學區的國民中學為例。「全球化時代之關鍵能力與教育革新」國際學術研討會。國立臺灣師範大學教育系，2010年11月12-13日。

許朝信（2005）。從美好生活所需能力的觀點論述九年一貫課程中的基本能力。國民教育研究學報，15，99-122。

許菊芳（主編）（2007）。關鍵能力：你的孩子到底該學什麼。臺北市：天下雜誌。

許慶雄（1992）社會權論，臺北市：眾文。

陳正芬（譯）（2007）。決勝未來的五種能力。Gardner, H.著，*Five minds for the future*。臺北市：聯經。

陳伯璋（2001）。新世紀課程改革的省思與挑戰。臺北市：師大書苑。

陳伯璋（2010a，6月）。臺灣國民核心素養與中小學課程發展之關係。論文發表於澳門大學主辦之「培育澳門廿一世紀公民——核心素養」國際研討會。2010年6月3-5日。澳門

陳伯璋（2010b，11月）。K-12課程發展願景與行動-兼論臺灣國民核心素養與中小學課程發展之關係。論文發表於第十二屆「兩岸三地課程理論研討會」。國立臺北教育大學主辦2010年11月13日。

陳伯璋（2010c）。臺灣國民核心素養與中小學課程發展之關係。課程研究，5(2)，1-25。

陳伯璋、張新仁、蔡清田、潘慧玲（2007）。全方位的國民核心素養

之教育研究。行政院國家科學委員會專題研究計畫成果報告（NSC 95-2511-S-003-001）。臺南市：致理管理學院教育研究院。

陳柏霖、孟恬薪（2010，11月）。**全球化時代大學生關鍵能力與高等教育制度革新之研究**。論文發表於國立臺灣師範大學教育系主辦之「全球化時代之關鍵能力與教育革新」國際學術研討會。臺北市，2010年11月12-13日。

陳皇玲（譯）（2006）。Monika, M. & Petra, S.著。**8個孩子一定要有的未來能力**（*Was kinder fur die zukunft brauchen*）。臺北市：奧林。

陳聖謨（2011）。**初等教育階段課程總綱理念、核心素養、課程設計原則內涵與實施要點之研究**。國家教育研究院委託研究報告。嘉義縣：國立中正大學課程研究所。

彭小妍、王瑗玲、戴景賢（2008）。**人文素養研究**。行政院國家科學委員會專題研究計畫成果報告（NSC 95-2511-S-001-001）。臺北市：中央研究院。

曾玉村（2009）。**中小學課程之認知發展學理基礎與理論趨向之研究與分析**。國家教育研究院籌備處委託研究報告。嘉義縣：國立中正大學課程研究所。

馮朝霖、范信賢、白亦方（2011）。**國民中小學課程綱要系統圖像之研究**。國家教育研究院委託研究報告。臺北市：國立政治大學教育研究所。

黃光雄、蔡清田（2009）。**課程發展與設計**。臺北市：五南。

黃政傑（1996）。**中小學基本能力指標之綜合規劃研究**。臺灣師範大學教育研究中心。

黃炳煌（1987）。**教育問題透視**。臺北市：文景。

黃崑巖（2004）。**黃崑巖談教養**。臺北市：聯經。

黃崑巖（2005）。**黃崑巖談人生這堂課**。臺北市：健行文化。

黃崑巖（2009）。**黃崑巖談有品社會**。臺北市：聯經。

新辭典編輯委員會（1989）。**新辭典**。臺北市：三民書局。

楊思偉（1999）。**國民中小學九年一貫課程基本能力實踐策略**。教育部國教司委託研究。臺北市：國立臺灣師範大學教育研究中心。

楊思偉（2002）。**基本能力指標之建構與落實**。教育研究月刊，96，17-22。

賈馥茗（1985）。**教育哲學**。臺北市：三民。

實用英漢辭典編輯委員會（1982）。**實用英漢辭典**。臺北市：文化圖書公司。

賓靜蓀（2010, 12月）動機，閱讀教學的關鍵：專訪PISA閱讀專家團隊主持人約翰德容博士John Delong。親子天下，19，136-139。

賓靜蓀（2011,1-2月合刊）PISA閱讀評比效應，領先的國家做了什麼。**親子天下**，20，36-37。

劉子鍵、柯華葳（2005）。初探十八歲青少年需要之重要能力。**教育研究月刊**，*140*，22-29。

劉蔚之（2007）。**歐盟「關鍵能力」建置之最新現況**。教育評鑑與發展研究中心電子報，2008年6月27日，取http://epaper.creed.ntnu.edu.tw/index.php?id=16

劉蔚之、彭森明（2008）。歐盟「關鍵能力」教育方案及其社會文化意涵分析。**課程與教學季刊**，11(2)，51-78。

鄭雅丰、陳新轉（2011）。能力概念及其教育意義之探討。**教育研究與發展**，7(2)，27-45。

歐用生（2000）。**課程改革**。臺北市：師大書苑。

歐用生（2010，11月）。**建構「三峽課程發展模式」**。發表於第十二屆「兩岸三地課程理論研討會」。國立臺北教育大學主辦2010年11月13日。

歐用生（2011）。建構「三峽」課程發展機制。課程研究5(2)，27-45。

歐陽教（2012）。談合情理的德育。主題演講發表於國立中正大學教育學院College of Education Building II, National Chung Cheng University (CCU)主辦之The Seventh Annual Conference of Asia-Pacific Network for Moral Education。2012年6月15-17日。嘉義。

謝清俊、尹建中、李英明、張一蕃、瞿海源、羅曉南、謝瀛春等（1997）。《資訊科技對人文、社會的衝擊與影響期末研究報告》。行政院經濟建設委員會委託研究計畫，中央研究院資訊科學研究所執行。

蔡清田（2003）。課程政策決定。臺北市：五南。

蔡清田（2004）。課程統整與行動研究。臺北市：五南。

蔡清田（2005）。課程領導與學校本位課程發展。臺北市：五南。

蔡清田（2006）。課程創新。臺北市：五南。

蔡清田（2007）。學校本位課程發展的新猷與教務課程領導。臺北市：五南。

蔡清田（2008a）。課程學。臺北市：五南。

蔡清田（2008b）。DeSeCo能力三維論對我國十二年一貫課程改革的啟示。課程與教學季刊，11(3)，1-16。

蔡清田（2009）。國民教育素養與課程改革，教育研究月刊188期2009(12)，123-133

蔡清田（2010a，5月）。課程學理基礎論國民核心素養研究的重要性。論文發表於國家教育研究院籌備處主辦之「2010年現代公民素養教育研討會」。2010年5月29日。臺中豐原。

蔡清田（2010b，6月）。從課程學理論公民核心素養與教師專業發展的重要性。論文發表於澳門大學主辦之「培育澳門廿一世紀公民——核心素養」國際研討會。2010年6月3-5日。澳門。

蔡清田（2010c）。課程改革中的「素養」（competence）與「能力」

（ability）。**教育研究月刊**，2010(12)，93-104。

蔡清田（2011a）。課程改革中的「素養」（competence）與「知能」（lit-eracy）之差異。**教育研究月刊**，2011(3)，84-96。

蔡清田（2011b）。**素養：課程改革的DNA**。臺北市：高等教育。

蔡清田（2011c）。課程改革中的「核心素養」之理論基礎。**中正教育研究**，10(1)，1-27。

蔡清田（2011d）。課程改革中的「素養」之功能。**教育科學期刊**，10(1)，203- 217。

蔡清田（2011e）。課程改革中的「素養」。**幼兒教保研究期刊**，第七期，1-13。

蔡清田（2011f）。**課程綱要的核心素養**。研習資訊，28(4)，5-14。

蔡清田（2011g）。課程改革中的核心素養之架構內涵，**教育研究月刊**，2011(9) 105-116。

蔡清田、陳延興（2009）。**中小學課程相關之課程、教學、認知發展等學理基礎與理論趨向**。國家教育研究院籌備處委託研究報告。嘉義縣：國立中正大學課程研究所。

蔡清田、陳延興、李奉儒、洪志成、曾玉村、鄭勝耀、林永豐（2009）。**中小學課程相關之課程、教學、認知發展等學理基礎與理論趨向**。國家教育研究院籌備處委託研究報告。嘉義縣：國立中正大學課程研究所。

蔡清田、陳延興、吳明烈、盧美貴、陳聖謨、方德隆、林永豐（2011）。**K-12中小學一貫課程綱要核心素養與各領域連貫體系研究**。國立教育研究院委託研究報告。嘉義縣：國立中正大學課程研究所。

蔡清田、洪若烈、陳延興、盧美貴、陳聖謨、方德隆、林永豐、李懿芳（2012）。**K-12一貫課程綱要各教育階段核心素養與各領域課程統整研究**（期中報告）。國立教育研究院委託研究報告。嘉義縣：國立中

正大學課程研究所。

鄭勝耀（2009）。中小學課程之文化研究學理基礎與理論趨向。國家教育研究院籌備處委託研究報告。嘉義縣：國立中正大學課程研究所。

鄧宗怡（2009，11月）。**課程改革理念、課程綱要與教科書轉化議題－新加坡觀點**。發表於臺北市立教育大學主辦「東亞地區課程改革脈絡下課程轉化議題國際學術研討會」。2009年11月14日。臺北市。

盧美貴（2010，6月）。**臺灣幼兒核心素養及其幼教課程形構之關係**。論文發表於澳門大學主辦之「培育澳門二十一世紀公民──核心素養」國際研討會。2010年6月3-5日。澳門

盧雪梅（2002）。新世紀的必要技能──美國勞工部「獲致必要技能委員會」研究報告。**教育研究月刊**，96，64-74。

賴春金、李隆盛（2011）。職能分析。**國家文官學院T&D飛訊季刊**，114，1-22。

戴嘉南（2008，10月）。**大學生核心能力與素養：菁英教育的出路**。論文發表於國立政治大學主辦之「高等教育論壇」，臺北市。

薛人華（2011年3月29日），國際公民教育與素養調查研究（ICCS2009）介紹。《**教育研究與評鑑中心電子報**》，2011年3月30日取自：http://epaper.cere.ntnu.edu.tw/index.php?id=520

簡良平（2010，11月）。**敘事課程界定與論述基礎之探究--提升學童語文識能取徑**。「全球化時代之關鍵能力與教育革新」國際學術研討會。國立臺灣師範大學教育系，2010年11月12-13日。

譚光鼎、劉美慧、游美惠（2008）。多元文化教育。臺北市：高等教育。

魏梅金（譯）（2002）。Spencer, L. M. & Spencer, S. M.著。才能評鑑法－**建立卓越績效的模式**（*Competence at Work: Models for Superior Performance*）。臺北市：商周。（原著出版年1993）

蘇永明（2000）。九年一貫課程的哲學分析──以「實用能力」的概念為

核心。載於財團法人國立臺南師院校務發展文教基金會主編九年一貫
課程：從理論、政策到執行（頁1-20）。高雄市：復文。

嚴長壽（2011）。**教育應該不一樣**。臺北市：天下文化。

顧忠華、吳密察、黃東益（2008）。**我國國民歷史、文化及社會核心
素養之研究**。行政院國家科學委員會專題研究計畫成果報告(NSC
95-2511-S-004-001)。臺北市：國立政治大學。

Adler, M.J. (1982). *The Paideia Proposal*. New York: MacMillan.

Adler, M.J. (1984). *The Paideia Program: An educational syllabus*. New York:
Macmillan.

Armstrong, M (1995) Demystifying Competence. In *Human Resources, Novem-
ber/December 1995*, pp. 49-50.

Aspin, D. N., & Chapman, J. D. (2000). Lifelong learning: Concepts and concep-
tions. *International Journal of Lifelong Education, 19*(1), 2-19.

Audigier, F. (2000). Basic concepts and core competencies for education for dem-
ocratic citizenship. Strasbourg, France: Council of Europe.

Australian National Training Authority (ANTA). (2001). *Training package
development handbook: Part 5 - section 2: key competencies*. Retrieved
September 27, 2009, from http://www.dest.gov.au/sectors/training_skills/
publications_resources/profiles/anta/profile/atp_handbook_part5_section2_
key competencies.htm#authors

Banks, J. (2008). Diversity, group identity, and citizenship education in a global
age. *Educational Researcher, 37*(3), 129-139.

Beane, J. A. (Ed.)(1995). *Toward a Coherent Curriculum—1995 Yearbook of the
Association for Supervision and Curriculum Development*. Alexandria, VA.:
ASCD.

Berger, P. T., & Luckmann, T. (1967). *The social construction of reality: a treatise in the sociology of knowledge*. New York, NY: Anchor Books.

Bernotavicz, F. & Locke, A. (Spring 2000). Hiring child welfare caseworkers: Using a competency-based approach. *Public Personnel Management, 29*, 33-42.

Bhargava, A. (2008). Functional literacy in India: A progress report. *Education Canada, 48(2),* 50-53.

Bhaskar, R.(1998). *The Possibility of Naturalism: A Philosophical Critique of the Contemporary Human Sciences*(3rd Edition). London: Routledge.

Bobbitt, F. (1924). *How to make a curriculum*. Boston: Houghton Mifflin Company.

Boreham, N. (2004). A theory of collective competence: Challenging the Neo-Liberal individualization of performance at work. *British Journal of Educational Studies, 52*(1), 5-17.

Bourdieu, P. (1983). Forms of capital. In J. G. Richardson (Ed.). *Handbook of theory and research for the sociology of education* (pp.241-258). New York: Greenwood.

Boyatzis, R (1992). Building on competence: The effective use of managerial talent. In G. Salamon (ed.), *Human Resource Strategies* (pp 260-272). London: Sage.

Bransford, J., Brown, A., & Cocking, R. (1999). *How people learn: Brain, mind, experience, and school*. Washington, DC: National Academy Press.

Bridges, D. (Ed.) (1997) *Education, autonomy and democratic citizenship: Philosophy in a changing world*. London: Routledge.

Brown, J. S., Collins,A., & Duguid, P. (1989). Situated cognition and the culture of learning. *Educational Researcher*, 18(1), 32-42.

Bunda, M. A., & Sanders, J. R. (1979) (Eds.). *Practices and problems in compe-*

tency-based education. UMI: A Bell and Howell Company.

Callieri, C. (2001) The knowledge economy: A business perspective. In Rychen, D. S. & Salganik, L. H. (Eds.) *Defining and selecting key competencies.*(pp.228-231). Göttingen, Germany: Hogrefe & Huber Publishers.

Canto-Sperber, M. & Dupuy, J. P. (2001) Competencies for the good life and the good society. In Rychen, D. S. & Salganik, L. H. (Eds.) *Defining and selecting key competencies*(pp.67-92). Göttingen, Germany: Hogrefe & Huber.

Carson, J. (2001) Definiting and selecting competencies: Historical reflections on the case of IQ. In Rychen, D. S. & Salganik, L. H. (Eds.) *Defining and selecting key competencies* (pp. 33-44). Göttingen, Germany: Hogrefe & Huber.

Cogan J. & Derricott, R. (1998) Citizenship for the 21st century: An international perspective on education. London, UK: Kogan.

Commission of the European Communities.(2005a). Communication from the Commission, COM (2005) final/2, *Modernising education and training: A vital contribution to prosperity and social cohesion in Europe.* Brussels: Author.

Commission of the European Communities.(2005b).*Recommendation of the European Parliament and of the Council on key competences for lifelong learning.* Brussels: Author.

Commission of the European Communities.(2006a). Commission Staff Working Document SEC (2006) 1096, *Efficiency and equity in European education and training systems.* Brussels: Author.

Commission of the European Communities. (2006b). Communication from the Commission to the Council and to the European Parliament, COM (2006) 481 final, *Efficiency and equity in European education and training systems.*

Brussels: Author.

Commission of the European Communities. (2007). *A coherent framework of indicators and benchmarks for monitoring progress towards the Lisbon objectives in education and training.* Brussels: Author.

Delamare-Le Deist, F. & Winterton, J.(2005). What is competence? *Human Resource Development International, 8*(1), 27-46.

Deleuze, G. (1990/ 1995). *Negotiation: 1972-1990* (Translated by Martin Joughin). New York: Columbia University Press. (Original work published 1990)

Delors, J. & Draxler,A.(2001). From unity of purpose to diversity of expression and needs: A perspective from UNESCO. In Rychen, D. S. & Salganik, L. H. (Eds.) *Defining and selecting key competencies.* (pp. 214-221) Göttingen, Germany: Hogrefe & Huber Publishers.

Delors , J., Mufti, I. A., Amagi, I., Carneiro, R., Chung, F., Geremek, B. et al.(1996). *Learning: the Treasure Within.* Paris: UNESCO.

Department of Education, Science and Training.(2005).*School education.* Retrieved April 12, 2006, from http://www.dest.gov.au/sectors/school_education/

DeSeCo (1998). DeSeCo Annual Report 1998. From http://www.portal-stat.admin.ch/deseco/1998-annual-report.pdf

DeSeCo. (1999). *Comments on the DeSeCo Expert Opinions.*http://www.portal-stat.admin.ch/deseco/comments_deseco_expert_opinions.pdf

DeSeCo. (1999). DeSeCo Annual Report 1999. From http://www.portal-stat.admin.ch/deseco/1999-annual-report.pdf

DeSeCo. (2000). DeSeCo Annual Report 2000. From http://www.portal-stat.admin.ch/deseco/deseco-annual-report2000.pdf

DeSeCo. (2001). *DeSeCo Background Paper.* From http://www.portal-stat.admin.

ch/deseco/deseco_backgrpaper_dec01.pdf

DeSeCo. (2001/spring 2002). DeSeCo Annual Report 2001/spring 2002. From http://www.portal-stat.admin.ch/deseco/deseco_annual_report_2001.pdf

DeSeCo.(Oct. 07, 2002). *Directorate for education, employment, labour and social affairs education committee governing board of the CERI.*

From http://www.portal-stat.admin.ch/deseco/deseco_strategy_paper_final.pdf

Diethelm, I. & Dorge, C. (2010). From Context to Competencies. In Reynolds, N. & Turcsányi-Szabó, M. (Eds.)(2010). *Key Competencies in the Knowledge Society* (pp. 67-77). Berlin,Germany: Springer.

Dorge, C.(2010). Competencies and Skills: Filling old skins with new wine. In Reynolds, N. & Turcsányi-Szabó, M. (Eds.)(2010). *Key Competencies in the Knowledge Society* (pp. 78-89). Berlin,Germany: Springer.

Drake, S. M.(1998).*Creating Integrated Curriculum：Proven Ways to Increase Student Learning.* Thousand Oaks, California: Corwin Press.

Durkheim, Emile. (1893).*The Division of Labor in Society.* Trans. Lewis A. Coser (1997). New York: Free Press.

Dune, E. (Ed.) (1999) *The learning society*. London: Kogan Page.

Egan, K.(2005). The curriculum as a mind-altering device. In P. B. Uhrmacher & J. Matthews(Eds.). Intricate palette working the ideas of Elliot Eisner. Ohio: Pearson Merrill Prentice Hall.

Eisner, E. W. (2002). *The arts and the creation of mind.* New Haven &London: Yale university press.

Elbaz, F. (1990). *Knowledge and discourse: The evolution of research on teacher thinking.* London: Falmer Press.

Elkin, S. L. & K.E. Scoltan (Eds.) (1999) *Citizen competence and democratic institutions*. Pennsylvania, US: The Pennsylvania State University Press.

Elliott, J. (1998) *The curriculum experiment: Meeting the challenge of social change*. Buckingham: Open University Press.

European Commission. (2004a). *Key competences for lifelong learning: A European reference framework*. European commission, implementation of "education and training 2010" work program, 6-19. Brussels: Author.

European Commission. (2004b). Working Group B "key competence", implementation of "education and training 2010" work programme, *key competencies for lifelong learning: a European reference framework*. Brussels: European Commission. Brussels: Author.

European Commission. (2004c). Working Group B "key competence", implementation of "education and training 2010" work programme, *progress report*. Brussels: European Commission. Brussels: Author.

European Commission. (2004d). Working Group B "key competence", implementation of "education and training 2010" work programme, *analysis of the mapping of key competency frameworks*. Brussels: Author.

European Commission. (2005a). *On key competences for lifelong learning*. Proposal for a recommendation of the European parliament and of the council. Brussels: Author.

European Commission (2005b). *Lifelong Learning and Key Competences for All: Vital Contribution to Prosperity and Social Cohesion*. Retrieved January 16, 2008 from http://europa.eu.int/comm/education/policies/2010et_2010_fr.html.

European Union. (n. d.). Panorama of the European Union: united in diversity. Retrieved December 20, 2006 from http:// europa.eu/abc/ panorama/index _en.htm.

European Union (2007). Key competences for lifelong learning: European reference framework. *Official Journal of the European Union*，*L394*. http://ec.europa.eu/education/index_en.htlm.

Eurydice. (2002). *Key Competencies, a developing concept in general compulsory Education.* Survey 5. Belgium, Brussels: Eurydice.

Eurydice. (2005). *Recommendation of the European Parliament and of the Council on key competences for lifelong learning.* Brussel: European Commission.

Eurydice European Unit (2007). *Non-Vocational Adult Education in Europe.* Brussels: Author.

Fejes, A. (2008). Historicizing the lifelong learner. In A. Fejes & K. Nicoll (Eds.), *Foucault and Lifelong Learning* (pp. 88-99). London: Routledge.

Field, J. (2001). Lifelong education. *International Journal of Lifelong Education, 20*(1/2), 3-15.

Finn, B. (1991). *Young people's participation in post-compulsory education and training.* Canberra: Australian Government Publishing Service.

Fox, R. & Radloff, A. (1999). Unstuffing the Curriculum to Make Room for Lifelong Learning Skills. In E. Dune (Ed.), *The Learning Society* (pp. 130-139). London: Kogan Page.

Gardner, H. (1983). *Frames of mind: The theory of multiple intelligences.* New York: Basic Books.

Giddens, A. (1984) *The constitution of society.* Cambridge: Polity Press.

Giddens, A. (1990). *The consequences of modernity.* Cambridge: Polity Press.

Gilomen, H. (2003a) Desired outcomes: A successful life and a well-function society. In Rychen, D. S. & Salganik, L. H. (Eds.) *Key competencies for a successful life and a well-functioning society.* (pp. 109-134). Göttingen, Germany: Hogrefe & Huber Publishers.

Gilomen, H. (2003b) Concluding remarks. In Rychen, D. S. & Salganik, L. H. (Eds.) *Key competencies for a successful life and a well-functioning society.* (pp. 181-186). Göttingen, Germany: Hogrefe & Huber Publishers.

Glatthorn, A. A. (2000) *The principal as curriculum leader: Shaping what is taught and tested.* Thousand Oaks, California: Corwin.

Gonczi, A. (2000). Competency-based learning: A dubious past-an assured future? In D. Boud & J. Garrick (Eds.), *Understanding learning at work.* London: Routledge.

Good, C. V.(1959). *Dictionary of Education: Prepared Under the Auspices of Phi Delta Kappa.* New York: McGraw-Hill.

Goody, J. (2001). Education and competence: Contextual diversity. In Rychen, D. S. & Salganik, L. H. (Eds.) *Defining and selecting key competencies.* (pp. 175-189) Göttingen, Germany: Hogrefe & Huber Publishers.

Green, A. (2000). Lifelong Learning and the Learning Society: different European models of organization. In A. Hodgson (Ed.). *Policies, Politics and the Future of Lifelong Learning* (pp. 35-48). London: Kogan Page.

Green, F. (2004). Programme for the international assessment of adult competencies: Piloting the job requirements approach in three countries. OECD. http://www.oecd.org/document/28/0,3343,en_2649_201185_44429596_1_1_1_1,00.html.

Griffin, C. (1999). Lifelong learning and social democracy. *International Journal of Lifelong Education, 18*(5), 329-342.

Halász, G. & Michel, A (2011). Key Competences in Europe: interpretation, policy formulation and implementation. European Journal of Education, 46(3), 290-306.

Haste, H. (1999). *Competence: Psychological realities.* DeSeCo Expert Report.

Swiss Federal Statistical Office. Neuchâtel. (downloadable at www.deseco. admin.ch)

Haste, H. (2001). Ambiguity, autonomy, and agency: Psychological challenges to new competence. In Rychen, D. S. & Salganik, L. H. (Eds.) *Defining and selecting key competencies*(pp.93-120). Göttingen, Germany: Hogrefe & Huber.

Herling, R. W. (2000). Operational definitions of expertise and competence. *Advances in Developing Human Resources*, 5, 8-21.

Hipkins, R. (2010, November). Introducing key competencies into a national curriculum framework: What have we learned in New Zealand? Paper presented at The International Conference on The Key Competence and Educational Innovation in a Global Era（「全球化時代之關鍵能力與教育革新」國際學術研討會）。國立臺灣師範大學教育系，2010年11月12-13日。

Ho, L-C. (2009). Global multicultural citizenship education: A Singapore Experience. *The Social Studies, November/December*, 285-293.

Hoffmann, T.(1999). The meanings of competency. *Journal of European Industrial Training, 23*(6), 275-285.

Hogg, C (2001). Competency and competency frameworks. London, CIPD [online]. Available: http//www.cipd.co.uk/subjects/perfmangmt/competnces/comptfrmwk.htm

Horton, P. B. & Hunt, C. L. (1976). *Sociology*. New York: McGraw-Hill.

Hunter, W. A. (1974). *Multicultural education through competency-based teacher education*. Washington, D. C.: AACTE.

Hutmacher, W. (1997). Key competencies in Europe. *European Journal of Education, 32* (1), 45-58.

Hynes, W.(1996). *Kudos to our classrooms: Globe and Mail*, Toronto, Ontario,

Canada.

Inglis, F. & Aers, L.(2008). *Key Concepts in Education*. London:Baker & Taylor Books.

Irving, J. A. (2009). Intercultural competence in leadership education: Keys to Educating global leaders. *Proceedings of ASBBS, 16*(1), 1-13.

Jacobs, H. H. (Ed.) (2010). *Curriculum 21: Essential Education for a Changing World*. Alexandria, VA.: ASCD.

Jaeger, R. M., & Tittle, C. K. (Eds.) (1980). *Minimum competency achievement testing: Motives, models, measures, and consequences*. Berkeley, CA: Mc-Cutchan.

Jarvis, P. (1983). *Professional education*. London: Croom Helm.

Javidan, M.(1998). Core competence: What does it mean in practice? *Long Range Planning, 31*(1), 60-71.

Karseth, B. & Sivesind, K. (2011). Conceptualising curriculum knowledge within and beyond the national context. In Yates, L. & Grumet, M.(Eds.). *World Yearbook of Education 2011: Curriculum in today's world: Configuring knowledge, identities, work and politics (pp.58-76)*. London: Routledge.

Keen, K. (1992). Competence: What is it and how can it be developed? In J. Lowyck, P. de Potter & J. Elen (Eds.), *Instructional design: Implementation issues* (pp. 111-122). Brussels, Belgium: IBM Education Center.

Kegan, R. (2001). Competencies as working epistemologies: Ways we want adults to know. In Rychen, D. S. & Salganik, L. H. (Eds.) *Defining and selecting key competencies.*(pp.192-204). Göttingen, Germany: Hogrefe & Huber Publishers.

Kennedy, K.J. (2010, November). Issues on Transformation among Ideas of Curriculum Reform, Textbooks and Classroom Practice-From the Perspective of

Hong Kong. Paper presented at The 2010 International Conference regarding Issues on Transformation in the Ideas of Curriculum Reform, Textbooks and Teaching Practice in East Asia（「2010東亞地區課程改革脈絡下課程轉化議題國際學術研討會」）。臺北市立教育大學，2010年11月6日。

Kim, D. (1993). The link between individual and organizational learning. *Sloan Management Review*, 35(1), 37-50.

Kim, M., Youn, S., Shin, J., Park, M., Kyoung, O. S., Shin, T., Chi, J., Seo, D., & Hong, S. et al. (2007). A review of human competence in educational research: Levels of K-12, college, adult, and business education. *Asia Pacific Education Review*, 8(3), 500-520.

Kirkwood-Tucker, T. (Ed.) (2009). Visions in global education: The globalization of curriculum and pedagogy in teacher education and schools. New York: Peter Lang.

Koper, R. & Tattersall, C. (2004). New directions for lifelong learning using network technologies. *British Journal of Educational Technology, 35*(6), 689-700.

Kurz, R and Bartram, D (2002). Competency and Individual Performance: Modelling the World of Work. In Robertson I, Callinan M and Bartram D (Eds.). *Organizational Effectiveness: The Role of Psychology*(pp 227-255). London: John Wiley & Sons.

Kusche, C. A., & Greenberg, M. T. (1994). *The PATHS curriculum*. Seattle, WA: Developmental Research and Programs.

Lave, J. & Wenger, E. (1990). *Situated Learning: Legitimate Peripheral Participation*. Cambridge: Cambridge University Press.

Levin-Goldberg, J. (2009). Transforming Global Civics: The Need for Human Rights Education. *Kappa Delta Pi Record, 46*(1), 5-7.

Levy, F., & Murnane, R. (2001). Key competencies critical to economic success. In Rychen, D. S. & Salganik, L. H. (Eds.). *Defining and selecting key competencies.* (pp.151-173). Göttingen, Germany: Hogrefe & Huber.

Lucia, A. D., & Lepsinger, R. (1999). *The art and science of competency models: Pinpointing critical success factors in organizations.* San Francisco, CA: Jossey-Bass.

Lynch, E. W., & Hanson, M. J. (Eds.) (2011). *Developing Cross-Cultural Competence: A Guide for Working with Children and Their Families.*(3rd ed.). Baltimore, Maryland: Paul H. Brookes Publishing Company.

Lyotard, Jean Francois. (1984). *The Postmodern Condition: A Report on Knowledge.* Tr. G. Bennington and B. Massumi. Minneapolis: University of Minnesota Press.

MacIntyre, A. (1987). The idea of an educated public. In G. Haydon (Ed.). *Education and values: The Richard Peters lectures* (pp. 15-36). London: Institute of Education, University of London.

Malewski, E. (Ed.)(2010). *Curriculum studies handbook-The next moment.* N.Y.: Routledge.

Mansfield, B.(1989). Competence and standards. In J. W. Burke (Ed.), *Competency based education and training*(pp. 26-38). London: Falmer Press.

Mashayekh, F. & Bazargan, A. (2009). Key competences for lifelong learning (Recommendation of the European Parliament and of the Council). Retrieved April 25, 2009, from http://www.pedagogy.ir/index.php?option=com_content&view=article&id=328:key-competences-for-lifelong-learning-recommendation-of-the-european-parliament-and-of-the-council&catid=120:key-competencies&Itemid=158

Mayer Committee. (1992). *Key Competencies.* Retrieved March 29, 2006, from

http://www.dest.gov.au/NR/rdonlyres/F1C64501-44DF-42C6-9D3C-A61321A6 3875/3831/92_36.pdf

Mayer, E. (1992). *Putting general education to work: The key competencies report.* Canberra: Australian Government Publishing Service.

McClelland, D. C.(1973). Testing for competence rather than for "intelligence". *American Psychologist*, 28, 1-14.

McClelland, D. C.(1998). Identifying competencies with behavioral-event interviews. *Psychological Science, 9*(5), 331-339.

McCutchan,.Jones, E. A., & Voorhees, R. A. (2002). *Defining and assessing learning: Exploring competency-based initiatives.* Washington, DC: Author.

Mckernan, J. (2008). *Curriculum and imagination: Process theory, pedagogy and action.* London: Routledge.

McLagan, P. A.(1997). Competencies : The next generation. *Training & Development*, May, 40-47.

Ministerial Council on Education, Employment, Training and Youth Affairs. (1999). *The Adelaide Declaration on National Goals for Schooling in the Twenty-First Century* . Retrieved March 10, 2006, from http://www.mceetya. edu.au/ mceetya/nationalgoals/index.htm

Ministry of Education (1996). *The Whàriki Màtauranga mò ngà Mokopuna oAotearoa: Early childhood curriculum.* Wellington, New Zealand: Author..

Ministry of Education. (2002). *Tertiary Education Strategy2002-2007.* Retrieved May 20, 2006, from http://www.minedu.govt.nz/web/downloadable/dl7128_v1/tes.pdf

Ministry of Education. (2005). *KEY COMPETENCIES IN TETIARY EDUCATION.*

Retrieved May 10, 2006, from http://www.minedu.govt.nz/web/downloadable//

dl10354_v1/key-competencies.pdf

Ministry of Education. (2007). The New Zealand Curriculum. Learning Media Limited. Wellington ,New Zealand.

Ministry of Education. (2010). *Singapore MOE to enhance learning of 21ˢᵗ Century competencies and strengthen Art, Music and Physical Education.*

Retrieved 07/21, 2010, from http://www.moe.gov.sg/media/press/2010/03/moe-to-enhance-learning-of-21s.php   Singapore: Ministry of Education.

Mirabile, R. J. (1997). Everything you wanted to know about competency modeling. *Training and Development, August*, 73-77.

Murray, T. S.(2003). Reflections on international competence assessments. In Rychen, D. S. & Salganik, L. H. (Eds.) Key competencies for a successful life and a well-functioning society. (pp. 135-159). Göttingen, Germany: Hogrefe & Huber Publishers.

Noddings, N. (2005). Global citizenship: Promises and problems. In Nel Noddings (Eds.) Educating citizens for global awareness (1-21). New York: Teachers College Press.

Nussbaum, Martha C.(1996). *For a Love of Country? In A New Democracy Forum on The Limits of Patriotism.* Boston: Beacon Press.

Nussbaum, Martha C.(1997). *Cultivating Humanity: A Classical Defense of Reform in Liberal Education.* Cambridge, Massachusetts / London, England : The Belknap Press of Harvard University Press.

Oates, T. (2003). Key skills/key competencies: Avoiding the pitfalls of current initiatives. In D. S. Rychen, L. H. Salganik & M. E. McLaughlin (Eds.) *Contributions to the* 2nd *DeSeCo Symposium* (pp. 133-142). Neuchâtel: Swiss Federal Statistical Office.

Organisation for Economic Co-operation and Development (OECD) (1998). *Edu-*

cation Policy Analysis 1998. Paris, France: Author.

Organisation for Economic Co-operation and Development (OECD) (1999). *Measuring student knowledge and skills*. Paris, France: Author.

Organisation for Economic Co-operation and Development (OECD)(2000a). *Measuring student knowledge and skills: The PISA 2000 assessment of reading, mathematical, and scientific literacy*. Paris, France: Author.

Organisation for Economic Co-operation and Development (OECD)(2000b). *From initial education to working life: Making transitions work*. http://www.oecd.org/document/5/0,3343,en_2649_39263238_2465989_1_1_1_1,00.html

Organisation for Economic Co-operation and Development (OECD) (2001). *Education Policy Analysis 2001*. Paris, France: Author.

Organisation for Economic Co-operation and Development (OECD) (2002a). *Understanding the Brain: Towards a New Learning Science*. Paris, France: Author.

Organisation for Economic Co-operation and Development (OECD) (2002b). *Definition and Selection of Competencies (DeSeCo): Theoretical and conceptual foundations*. Strategy Paper (OECD DeSeCo Strategy Paper 2002). Retrieved June 12, 2010, From http://www.deseco.admin.ch/bfs/deseco/en/index/02.parsys.34116.downloadList. 87902. DownloadFile. tmp/oecddeseco-strategypaperdeelsaedcericd20029.pdf

Organisation for Economic Co-operation and Development (OECD) (2005a). *Education Policy Analysis 2005*. Paris, France: Author.

Organisation for Economic Co-operation and Development (OECD) (2005b). *The Definition and Selection of Key Competencies: Executive Summary*. Paris: Author. Retrieved June 12, 2010, From *http://www.deseco.admin.*

ch/bfs/deseco/en/index/02.parsys.43469.downloadList.2296.DownloadFile.tmp/2005.dskcexecutivesummary.en.pdf

Organisation for Economic Co-operation and Development (OECD) (2007). *Qualifications Systems: Bridges to Lifelong Learning.* Paris, France: Author.

Organisation for Economic Co-operation and Development (OECD) (2008). *The OECD Programme for the International Assessment of Adult Competencies.* Paris, France: Author.

Organisation for Economic Co-operation and Development (OECD) (2009a). *PISA 2009 Assessment Framework: Key competencies in Reading, Mathematics and Science.* Paris, France: Author.

Organisation for Economic Co-operation and Development (OECD) (2009b). *OECD Programme for the International Assessment of Adult Competencies (PIAAC).* Retrieved May 29, 2009 from http://www.oecd.org/document/35/0,3343,en_2649_201185_40277475_1_1_1_1,00.html.

Organisation for Economic Co-operation and Development (OECD)(2010). PIAAC (Programme for the International Assessment of Adult Competencies). Retrieved February 22, 2011 from http://www.oecd.org/documentprint.

Organisation for Economic Co-operation and Development & Statistics Canada (2000). *Literacy in the information age: Final report of the international adult literacy survey.* Paris, France: OECD Publications Service.

Organisation for Economic Co-operation and Development & Statistics Canada (2005). Learning a living: First results of the adult literacy and life skills survey. Paris, France: OECD Publications Service.

Owen, E. H. (2003). Afterwords. In Rychen, D. S. & Salganik, L. H. (Eds.) *Key competencies for a successful life and a well-functioning society.* (pp. 187-190). Göttingen, Germany: Hogrefe & Huber.

Partnership for 21st Century Skills. (2002). *Learning for the 21st century: A report and mile guide for 21st century skills.* Retrieved from http://www.21stcenturyskills.org/images/stories/otherdocs/p21up_Report.pdf.

Parry, S. B. (1996). The quest for competences: Competency studies can help you make HR decision, but the results are only as good as the study. *Training, 33,* 48-56.

Parry, S. B. (1998). Just what is a competency? And should you care?. *Training, 6,* 58-64.

Perrenoud, P. (2001). The key to social fields: Competencies of an autonomous actor. In Rychen, D. S. & Salganik, L. H. (Eds.) *Defining and selecting key competencies*(pp. 121-149). Göttingen, Germany: Hogrefe & Huber.

PIAAC Literacy Expert Group (2009). *PIAAC literacy: A conceptual framework.* OECD Education Working Papers. http://www.oecd.org/edu/workingpapers.

Piaget, J. (1951). *The Psychology of Intelligence.* London: Routledge and Kegan Paul.

Piirto, J. (2011). *Creativity for 21st century skills: how to embed creativity into the curriculum* . Rotterdam : Sense Publishers.

Pinar W. F. (1995). Understanding Curriculum: An Introduction. In Pinar, W. F., Reynold, W. M., Slattery, P., & Taubman, P. M.(Eds). Understanding curriculum: an introduction to the study of historical and contemporary curriculum discourses(pp. 3-65). New York: Peter Lang.

Pinar, W.F., Reynold, W.M., Slattery, P., & Taubman, P.M.(1995). Understanding curriculum: an introduction to the study of historical and contemporary curriculum discourses. New York: Peter Lang.

Pinar, W. F. (2009) *The worldliness of a cosmopolitan education- Passionate lives in public service.* London, UK: Routledge.

Pinar, W. (2011). Nationalism, anti-Americanism, Canadian Identity. In Yates, L. & Grumet, M.(Eds.). *World Yearbook of Education 2011: Curriculum in today's world: Configuring knowledge, identities, work and politics (pp.31-43).* London, UK: Routledge.

Plessius, H. & Ravesteyn, P. (2010). The Paradox of More Flexibility in Education: Better Control of Educational Activities as a Prerequisite for More Flexibility. In Reynolds, N. & Turcsányi-Szabó, M. (Eds.) (2010). *Key Competencies in the Knowledge Society* (pp. 301-309). Berlin,Germany: Springer.

Popkewitz, T.S. (2008) *Cosmopolitanism and the age of school reform- Science, education, and making society by making the child.* N.Y.: Routledge.

Popkewitz, T.S.(2009).Curriculum study, curriculum history, and curriculum theory: The reason of reason. *Journal of Curriculum Studies,41*(3), 301-319.

Quane, A. (2003). Defining and Selection Key Competencies in Lifelong Learning. In D. S. Rychen, L. H. Salganik & M. E McLaughlin,. (Eds.). *Selected contributions to the 2nd DeSeCo Symposium* (pp. 133-142). Neuchâtel: Swiss Federal Statistical Office.

Reynolds, N. & Turcsányi-Szabó, M. (Eds.)(2010). *Key Competencies in the Knowledge Society.* Berlin,Germany : Springer.

Ridgeway, C. (2001) Joining and functioning in groups, self-concept and emotion management. In Rychen, D. S. & Salganik, L. H. (Eds.) *Defining and selecting key competencies.* (pp. 205-211) Göttingen, Germany: Hogrefe & Huber.

Riordan, T., & Rosas, G. (2003). Key competencies: An ILO perspectives. In *D. S. Rychen, L. H. Salganik, & M. E. McLaughlin (Eds.), Contributions to the second DeSeCo symposium* (pp. 91-99). Neuchâtel: Swiss Federal Statistical Office.

Rosenholtz, S. J., & Rosenholtz, S. H. (1981). Classroom organization and the perception of ability. *Sociology of Education, 54*(2), 132-140.

Rosenholtz, S. J., & Simpson, C. H. (1984). The formation of ability conceptions: Developmental trend or social construction? *Review of Educational Research, 54*(1), 31-63.

Ross, A. (2000). *Curriculum: construction and critique*. London: Falmer Press.

Rothwell, W. J, & Graber, J. M. (2010). *Competency-based training basics*. MA: American Society for Training and Development Press.

Roy, K.(2003). *Teachers in nomadic spaces-Deleuze and curriculum.* New York: Peter Lang.

Rychen, D. S. (2001) Introduction. In Rychen, D. S. & Salganik, L. H. (Eds.) *Defining and selecting key competencies*(pp.1-15). Göttingen, Germany: Hogrefe & Huber.

Rychen, D. S. (2003) Key competencies: Meeting important challenge in life. In Rychen, D. S. & Salganik, L. H. (Eds.) *Key competencies for a successful life and a well-functioning society*. (pp. 63-107). Göttingen, Germany: Hogrefe & Huber.

Rychen, D. S. (2004). Key competencies for all: an overarching conceptual frame of reference. In D. S. Rychen & A. Tiana (Eds.), *Developing Key Competencies in Education* (pp. 5-34). Paris: UNESCO.

Rychen, D. S. (2006). *Key competencies identified-OECD conceptual framework*. Paper Presented at the International Workshop on Key Competencies. Taipei: National Yang Ming University.

Rychen D.S. & Salganik, L. H. (2000). *A Contribution of the OECD Program Definition and Selection of Competencies: Theoretical and Conceptual Foundations.* Definition and Selection of Key Competencies. INES GENERAL ASSEMBLY 2000. Retrieved June 12, 2010, From http://www.

deseco.admin.ch/bfs/deseco/en/index/02.parsys.69356.downloadList.26477.
DownloadFile.tmp/2000.desecocontrib.inesg.a.pdf

Rychen, D. S. & Salganik, L. H. (2001) (Eds.). *Defining and selecting key competencies*. Göttingen, Germany: Hogrefe & Huber.

Rychen, D. S. & Salganik, L. H. (2003). A holistic model of competence. In Rychen, D. S. & Salganik, L. H. (Eds.) *Key competencies for a successful life and a well-functioning society*. (pp. 41-62). Göttingen, Germany: Hogrefe & Huber.

Rychen, D. S. & Salganik, L. H. (2003) (Eds.). *Key competencies for a successful life and a well-functioning society*. Göttingen, Germany: Hogrefe & Huber.

Rychen, D. S., Salganik, L. H & McLaughlin, M. E. (2003) (Eds.). *Contributions to the 2nd DeSeCo Symposium*. Neuchâtel: Swiss Federal Statistical Office.

Rychen, D. S. & Tiana, A. (2004) (Eds.). *Developing Key Competencies in Education: Some Lessons from International and National Experience (Studies in Comparative Education)*. Paris: UNESCO.

Sabatini, J. P. & Bruce, K. M. (2009). PIAAC reading components: A conceptual framework. OECD. http://www.oecd.org/edu/workingpapers

Salganik L.H. (2001) Competencies for life: A conceptual and empirical challenge. In Rychen, D. S. & Salganik, L. H. (Eds.) *Defining and selecting key competencies*. (pp.1-15). Göttingen, Germany: Hogrefe & Huber.

Salganik L.H., Rychen D.S., Moser U. & Konstant J. W. (1999). *Projects on competencies in the OECD context: Analysis of theoretical and conceptual foundations*. Neuchâtel, Switzerland: Swiss Federal Statistical Office.

Salganik,L. H. & Stephens, M. (2003). Competence priorities in policy and practice. In Rychen, D. S. & Salganik, L. H. (Eds.) *Key competencies for a successful life and a well-functioning society*(pp. 13-40). Göttingen, Germany:

Hogrefe & Huber.

Sampson, D., Karampiperis, P., & Fytros, D. (2007). Developing a common metadata model for competencies description. *Interactive Learning Environments, 15*(2), 137- 150.

Sandberg, R. (2000). *Competence: The basis for a smart workforce.* In R. Gerber & C. Lankshear (Eds.), Training for a smart workforce. London: Routledge.

Sanghi, S.(2007). *The Handbook of Competency Mapping: Understanding, Designing and Implementing Competency Models in Organizations*. N.Y.: SAGE Publications.

Sawardekar, N.(2002). *Assessment centres: Identifying potential and developing competency*. Thousand Oaks, Calif: Sage Publication.

SCADPlus (2006). *Key competences for lifelong learning*. Retrieved April 12, 2009 from http://europa.eu/scadplus/leg/en/cha/c11090.htm

SCANS (1991).*What work requires of schools: A SCANS report for America 2000*, Washington DC, US Department of Labor.

Schleicher, A.(2003). Developing a long-term strategy for international assessments. In Rychen, D. S. & Salganik, L. H. (Eds.) *Key competencies for a successful life and a well-functioning society*(pp. 151-179). Göttingen, Germany: Hogrefe & Huber Publishers.

Schleicher, A. (2008). PIAAC: A new strategy for assessing adult competencies. *International Review of Education, 54,* 627-650.

Schmidt, W. H. & Prawat, R. S. (2006). Curriculum coherence and national control of education: issue or non-issue? Journal of Curriculum Studies, 38(6), 641-658.

Schon, D A. (1983). *The reflective practitioner: how professionals think in action.* New York: Basic Books.

Schon, D A. (1987). *Educating the reflective practitioner*. London: Jossey-Bass.

Sen, Amartya, K.（1985）. *Commodities and capability*. Oxford: Elsevier Science Publishers.

Sen, Amartya, K.（1992）.*Inequality reexamined*, Oxford: Clarendon Press.

Simpson, C. H. (1981). Classroom structure and the organization of ability. *Sociology of Education, 54*(4), 120-132.

Simpson, C. H., & Rosenholtz, S. J. (1986). Classroom structure and the social construction of ability. In J. G. Richardson (Ed.), *Handbook of theory and research for the sociology of education* (pp. 113-138). New York: Greenwood Press.

Sinclair, K. E. (1999). The transition of graduates from universities to the workplace. In Dune, E. (Ed.), *The learning society* (pp. 30-45). London: Kogan Page.

Spencer, L.M., & Spencer, S.M. (1993). *Competence at Work : Models for Superior Performance*. New York: John Wiley and Sons.

Spring, J. (2007). *A new paradigm for global systems: Education for a long and happy life*. Mahwah, NJ: Lawrence Erlbaum Association.

Stahl, C., & Wild, F. (2006). *Automated Competence Assessment*. Retrieved May 07, 2009, from http://ieeeltsc.files.wordpress.com/2009/03/2006＿stahl-wild＿automated-competence-assessment＿8000.pdf

Stein, S.(2000). *Equipped for the future content standards: What adults need to Know and be able to do in the 21st century*. Washington, DC: National Institute for Literacy.

Stein B Jensen, George McHenry, Jørn Lunde, Jon Rysst, and Elisabeth Harstad (2001) *Which key characteristics of graduates will a technology company look for?* Paper presented at International Conference on Engineering Edu-

cation，August 6 – 10, 2001 Oslo, Norway.

Stenhouse, L. (1975) *An introduction to curriculum research and development.* London: Heinemann.

Stewart, T. A. (1997). *Intellectual capital: The new wealth of organizations.* New York: Currency Doubleday.

Stoof, A., Martens, R. L., van Mrriënboer, J. J. G. & Bastiaens, T. J. (2002). The boundary approach of competence: A constructivist aid for understanding and using the concept of competence. *Human Resource Development Review*, Vol. 1(3), 345-365.

Sumara.D.J.& B.Davis (1998). Unskinning curriculum. In W. Pinar(1998) *Curriculum-Toward new identities* (pp.75-92).. New York：Garland.

The European Association for University Lifelong Learning. (2009). The Recommendation on Key Competences for Lifelong Learning. Retrieved August 18, 2008 from http://einsteini.boumort.cesca.es/index.php?option=com_content&task=view&id=73&Itemid=35.

The Partnership for 21st Century Skills (2009). *21st century leaning environments* (white paper). Tucson, AZ: Author. Available online: http://www.p21.org/documents/le_white_paper-1.pdf. Retrieved on March 29, 2010.

Thron, W. (2009). International Adult literacy and basic skills surveys in the OECD area. OECD. Retrieved February 22, 2011 from http://www.oecd.org/edu/workingpapers

Tiana, A. (2004). Developing key competencies in education systems: some lessons from international studies and national experiences. In D. S. Rychen & A. Tiana (Eds.). *Developing Key Competencies in Education* (pp. 35-80). Paris: UNESCO.

Trilling, B. and Fadel, C. (2009) .*21st Century Skills: Learning for Life in Our*

Times. San Francisco, CA USA: John Wiley & Sons, Inc.

Tsolidis, G. (2011). Dressing the National Imaginary: Making space for the veiled student in curriculum policy. In Yates, L. & Grumet, M.(Eds.). *World Year-book of Education 2011: Curriculum in today's world: Configuring knowl-edge, identities, work and politics (pp.17-30)*. London: Routledge.

Touraine, A.(1997/2010)。我們能否共同生活？在平等又歧異中共處（黃楚雄譯）。臺北市：國立編譯館與桂冠圖書。

Trier, U. P. (2003). Twelve countries contributing to DeSeCo: A summary report. In D. S. Rychen, L. H. Salganik & M. E McLaughlin, (Eds.). *Selected con-tributions to the 2nd DeSeCo Symposium* (pp. 133-142). Neuchâtel: Swiss Federal Statistical Office.

United Nations Educational, Scientific and Cultural Organization (UNESCO) (1990). *World Declaration on Education for All: Meeting basic learning needs*. Retrieved August 18, 2008 from http://www.unesco.org/education/ efa/ed_for_all/background/jomtien_declaration.shtml.

United Nations Educational, Scientific and Cultural Organization (UNESCO) Institute for Education. (2003). *Nurturing the Treasure: Vision and Strategy 2002 – 2007*. Hamburg, Germany: Author.

United Nations Educational, Scientific and Cultural Organization (UNESCO) (2004a). *The plurality of literacy and its implications for policies and pro-grammes: UNECSO Education Sector position paper*. Retrieved February 22, 2011 from http://unesdoc.unesco.org/ images/0013/001362/136246e.pdf

United Nations Educational, Scientific and Cultural Organization (UNESCO)(2004b). *The United Nations Literacy Decade: Getting started, 2003-2012*. Retrieved February 22, 2011 from http://unesdoc.unesco.org/ images/0013/001354/135400e.pdf

United Nations Educational, Scientific and Cultural Organization (UNESCO) Institute for Lifelong Learning. (2008a). *Lifelong Learning*. Retrieved August 18, 2008 from http://www.unesco.org/uil/en/themareas/lilonle.htm.

United Nations Educational, Scientific and Cultural Organization (UNESCO) Institute for Lifelong Learning. (2008b). *Annual Report 2007*. Hamburg, Germany: Author.

United Nations Educational, Scientific and Cultural Organization (UNESCO) Institute for Lifelong Learning. (2009). *Workshop on the Global Report on Adult Learning and Education (GRALE)*. Retrieved April 12, 2009 from http://www.unesco.org/uil/en/nesico/confintea/grale.htm

United Nations Educational, Scientific and Cultural Organization (UNESCO)(2009, December). *Republic Of Korea national report: On the development and state of art of adult learning and education*. Paper presented at the 6th International Conferences on Adult education. Belém (Brazil).

United Nations Conference on Environment and development (UNCED) (1992). *Agenda 21, the Rio Declaration on Environment and Development*. New York: United Nations.

United Nations Organization (UNO)(1948).*Universal Declaration of Human Rights*. General Assembly resolution 217A(III) of 10 December 1948. New York: United Nations.

U.S. Institute of Medicine. (2004). Health Literacy: A prescription to end confusion. Washington, DC: Institute of Medicine, Board on Neuroscience and Behavioral Health, Committee on Health Literacy. http://www.iom.edu/Reports/2004/Health-Literacy-A-Prescription-to-End-Confusion.aspx.

U.S. National Center for Education Statistics. (2006a). *National study of America's adults: English Background Questionnaire*. Retrieved June 16, 2011 from

http://nces.ed.gov/naal/

U.S. National Center for Education Statistics.(2006b). *The health literacy of America's adult*s: Results from the 2003 National Assessment of Adult Literacy. Retrieved June 16, 2011 from http://nces.ed.gov.

Vargas Zúñiga, F. (2005). *Key competencies and lifelong learning*. Montevideo: CINTERFOR.

van Dellen, T. (2009). Professional competence of trainers in lifelong learning contexts: the role of tacit knowledge. *Journal of Educational Sciences, 11*(1), 21-28.

Van Reken, R & Rushmore, S. (2009).Thinking Globally when Teaching Locally. *Kappa Delta Pi Record*, 45 (2) , 60-68.

Wang, Xiao-Lei (2012) Teaching Social Competence through Situational-Appropriate Deception: Practices in Chinese Working-Class Families。Paper presented at College of Education Building II, National Chung Cheng University (CCU).The Seventh Annual Conference of Asia-Pacific Network for Moral Education. 2012年June 15-17日。Chia-yi Taiwan.

Weber, M. (1905). *The Protestant Ethic and "The Spirit of Capitalism"*. Translated by Stephen Kalberg (2002). Los Angeles:Roxbury Publishing Company.

Weinert, F. E. (1999). *Concepts of Competence*. DeSeCo Expert Report. Swiss Federal Statistical Office. Neuchâtel. Retrieved May 27,2003, from http://www.statistik.admin.ch/stat_ch/ber15/deseco/weinert_report.pdf.

Weinert, F. E. (2001). Concepts of competence: A conceptual clarification. In D.S. Rychen & L. H. Salganik (Eds.), *Defining and selecting key competencies* (pp.45-65). Göttingen, Germany: Hogrefe & Huber.

Wenger, E.(2007).*Communities of practice：learning, meaning, and identity*. Cambridge: Cambridge University Press.

White, J. (1973) *Towards a Compulsory Curriculum*. London: Routledge and Kegan Paul.

White, R. H. (1959). Motivation reconsidered: The Concept of Competence. *Psychological Review, 66*, 297-323.

Williamson, K., Bannister, M., & Schauder, D. (2003). Developing an interpretative approach to competency-based training and learning. *Australian Academic and Research Libraries, 34(2)*. Retrieved June 23, 2006, from http://alia.org.au/publishing/aarl/34.2/full.text/williamson.html

Winterton, J., Delamare Le Deist, F. & Stringfellow, E.(2005). *Typology of Knowledge, Skills and Competences: clarification of the concept and prototype*. Thessaloniki: CEDEFOP.

Wolf, A. (1989). Can competence and knowledge mix?. In J. W. Burke (Ed.), *Competency based education and training*(pp. 39-53). London: Falmer Press.

Woodruffe, C. (1992). What is meant by a competency? In Boam, R and Sparrow, P (eds). *Desinging and Achieving Competency*(pp 16-29). London: McGraw-Hill.

World Conference on Education for All. (1990). *World declaration on education for all and framework for action to meet basic learning needs*. New York:

Young, M. (2011). Curriculum policies for a knowledge society. In Yates, L. & Grumet, M.(Eds.). *World Yearbook of Education 2011: Curriculum in today's world: Configuring knowledge, identities, work and politics (pp.125-138)*. London: Routledge.

Zoghi, C., Mohr, R. D., & Meyer, P. B. (2007). Workplace organization and innovation. *Bureau of Labor Statistics Working Papers*, 405. Washington, DC: U.S. Department of Labor, U.S. Bureau of Labor Statistics, Office of Productivity and Technology.

索　引

一畫

一般知識　008

一般素養　020, 076

一般能力　013

二畫

二十一世紀技能聯盟　111

二十一世紀國家學校教育目標　132

人文主義的精神　130

人文素養　011

人文素養研究　012

人際、跨文化與社會素養　055, 157

人際與自我導向的技能　056

人際關係與團隊合作　061, 160

人類學　024, 025, 044, 175

人權宣言　143

人權與和平　143

十二年一貫課程綱要　001, 006, 147, 153, 154, 155, 163, 164, 166, 167, 168, 171, 172, 175, 176, 177

十二年一貫課程體系指引　001, 006, 147, 153, 154, 155, 163, 164, 166, 167, 168, 171, 172, 175, 176, 177

十二年國民基本教育　006, 011

三畫

上殿劄子　004

工作分析　144

工具　091, 112

工業社會　054, 132

四畫

中小學課程一貫體系參考指引　013

中小學課程相關之課程、教學、認知發展等學理基礎與理論趨向之研究　003, 006

中華民國教育報告書　151, 152

尹建中　007, 010, 057

互動地　113

內隱的　039

公平交易　100

公民素養　056, 157

公民責任與道德實踐　061, 160

公民語文素養指標架構研究　031

反思（reflectiveness）　040

反思力　040

反思的實踐者　029, 040

心理學　024, 025, 039, 175

文化表達　056, 157

方德隆　006, 056, 061, 153, 160, 166

水平統整　021, 057, 076, 155, 172, 176

王世英　086, 096, 105, 111, 120, 138

王業立　012, 054

王道還　005, 004, 006, 012, 159

王燦槐　055

王瓈玲　005, 004, 006, 012, 021, 142, 159

五畫

主要行動主體能動者理論　124

主體能動性　029

主體能動者理論　037

以素養爲本的課程　006

加拿大統計局　088

功能取向　147

功能性的知能　009

功能健全的社會　020, 058, 086, 120, 124, 125, 126, 127, 138, 139, 140, 142, 143, 146, 147, 156

去氧核糖核酸　038

外語溝通　055, 157

外顯的　039

必要　136

必要的　014, 019, 023, 051, 053, 062, 063, 064, 065, 068, 069, 074, 075, 080, 083, 084, 086, 087, 095, 104, 110, 120, 123, 126, 128, 135, 148, 154, 155, 175

必要的素養　014, 019, 023, 075, 084, 090

必要素養　019, 020, 052, 060, 062, 075, 076, 080, 084, 126, 135, 156

本土化　099, 176

正式規劃的課程　172, 178

母語溝通　055, 157

民主素養　011, 056, 076

民主程序　142

生態永續　143

白亦方　015, 041, 105

六畫

全方位的國民核心素養之教育研究　003, 006, 012, 067

全球化　099

共同的　075, 175

共同的重要性　053, 071, 074

共同的素養　013, 019, 023

共同素養　052, 084

共同基本素養　013

共通素養　052

共通能力　008

冰山模型　025, 030, 039

多元文化素養　011, 056

多元功能　019, 025, 026, 027, 036,
　　037, 046, 047, 051, 052, 053,
　　057, 080, 083, 123, 152, 154, 172

多元性　025, 026

多元社會　105

多元面向　019, 025, 026, 027, 028,
　　046, 047, 051, 052, 053, 057,
　　123, 152, 154, 172

多元差異中的統整　092, 138

多元場域　019, 025, 026, 027, 030,
　　046, 047, 051, 052, 053, 057,
　　071, 080, 083, 123, 152, 154, 172

多樣差異性（diversity）　105

安彥忠彥　006, 134

成人素養與生活能力調查　115

成功生活　158

成功的個人生活　020, 058, 086,
　　120, 124, 125, 126, 127, 138,
　　139, 140, 143, 146, 147, 156, 175

成露茜　054, 132

有素養的人　040

江宜樺　006

羊憶蓉　054, 132

自主行動　061, 160

自我實現　013, 020, 037, 055, 057,
　　076, 086, 090, 126, 151, 153, 156

行政院國家科學委員會　012

行動　090

行動系統的概念藍圖　100

七畫

吳明烈　006, 045, 056, 061, 072,
　　138, 153, 160, 166, 170

吳密察　005, 004, 006, 012, 142,
　　145, 159

吳敏而　173

吳清山　003, 006, 012, 080, 163, 169

吳舒靜　086, 096, 105, 111, 120, 138,
　　161

吳裕益　029

吳慧子　086, 096, 105, 111, 120, 138,
　　161

完整的　051

宋佩芬　127

我國國民歷史、文化及社會核心素
　　養之研究　012

技能　005, 007, 024, 026, 029, 053,
　　054

技術能力　054

李坤崇　051

李奉儒　054

李英明　007, 010, 057

李隆盛　032, 077, 080

李暉　006

李懿芳　160

杜文苓　012, 054

沈姍姍　006

系統思考與問題解決　061, 160

身心健康與自我實現　061, 160

八畫

周育如　006, 031, 056

周延的　051

周筱亭　173

孟恬薪　077, 080

林永豐　006, 056, 061, 153, 160, 166

林明煌　134

林素微　006, 029

林煥祥　006

法律素養　011

物質的工具　112

知能　007, 008, 009, 054

知惡去惡　004

知善行善　004

知識　004, 007, 010, 012, 021, 022,
　　024, 025, 026, 027, 028, 029,
　　030, 038, 046, 047, 053, 055,
　　057, 061, 069, 073, 076, 078,
　　079, 134, 135, 155, 161, 162,
　　165, 167, 170, 174, 176, 177

社交能力　106

社會化　044

社會文化的工具　112

社會功能　010, 011, 125, 126, 127,
　　139, 144, 146

社會行動的轉型模式　031

社會素養　106

社會參與　013, 061, 160

社會場域　032, 033, 034, 035, 045,
　　054, 069, 090, 128, 177

社會場域疆界　030

社會發展　001, 005, 003, 005, 006,
　　018, 020, 027, 037, 038, 047,
　　057, 063, 086, 090, 120, 123,

124, 125, 126, 127, 128, 129,
130, 131, 133, 135, 139, 144,
146, 147, 151

社會學　024, 025, 031, 175

長期培育　019, 025, 026, 027, 043,
044, 046, 047, 051, 052, 053,
057, 071, 080, 083, 123, 152,
153, 154, 172, 173, 175

九畫

勇於負責　004

垂直連貫　021, 057, 076, 155, 172,
176

建置十二年一貫課程體系方案　012

建置中小學課程連貫與統整　011

後現代　054, 132, 133

後現代社會　031, 054

後設素養　040

後設認知技能　042

思考與解決問題　056

柯華葳　003, 006, 028, 030, 040, 056

洪裕宏　005, 003, 004, 006, 012,
020, 021, 029, 069, 125, 127,
138, 142, 145, 146, 147, 159

洪碧霞　029

派代亞　130

派代亞方案　129

界定與選擇國民核心素養：概念參
考架構與理論基礎研究　005,
012, 020, 021

相對自律自主性　095

研究評鑑的課程　178

科目取向的教學進路　161

科技素養　118

科技基本素養　055, 157

科專業能力　013, 014

科際整合　023

科學素養　005, 008, 011, 056, 076

美國教育部　088, 111

胡志偉　005, 004, 006, 012, 039,
072, 157, 159

范信賢　015, 041, 105

重要　136

重要的　014, 019, 023, 051, 052,
053, 062, 063, 064, 065, 071,
072, 073, 074, 075, 080, 083,
084, 086, 087, 095, 104, 110, 120,
123, 124, 126, 135, 148, 154,
155, 175

重要的素養　014, 019, 023, 075, 084

重要素養　019, 020, 052, 060, 062,
063, 073, 074, 075, 076, 080,

084, 126, 135, 156

重能力　165, 167

飛行路線　026

十畫

個人功能　010, 011, 125, 126, 127, 138, 139, 144, 146

個人必須經常不斷地捍衛、維護與伸張自己的權利、利益、限制與需求　103

個人能使用語言、符號、科技工具及各種訊息進行溝通互動　112

個人發展　003, 005, 006, 018, 020, 027, 037, 038, 047, 063, 086, 120, 123, 124, 125, 126, 127, 128, 129, 130, 131, 133, 135, 139, 144, 146, 147, 151

個人實現　027, 057

個體發展　001, 005

哲學　024, 025, 028, 175

核心　014, 057, 136

核心的　019, 023, 051

核心的素養　014, 019, 051

核心素養　001, 003, 005, 006, 003, 005, 006, 007, 010, 011, 012, 013, 014, 016, 017, 019, 020, 021, 022, 023, 024, 025, 026, 027, 031, 033, 035, 036, 037, 038, 042, 043, 044, 046, 051, 055, 057, 058, 059, 060, 061, 064, 065, 067, 068, 069, 071, 072, 073, 074, 075, 076, 077, 079, 080, 083, 084, 085, 086, 087, 089, 094, 097, 099, 101, 102, 103, 104, 105, 106, 107, 108, 109, 110, 111, 112, 113, 114, 115, 116, 117, 118, 119, 120, 123, 124, 125, 130, 131, 133, 134, 135, 136, 138, 141, 142, 146, 147, 151, 152, 157, 159, 160, 161, 163, 165, 168, 170, 171, 172, 173, 175, 176, 177, 178

核心素養可作為教育目標之重要來源　123, 124, 126, 154

核心素養可協助個人獲得成功的個人生活，進而建構功能健全的社會　123, 154

核心素養具有個人發展與社會發展等雙重功能　123, 154

核心素養的功能　001, 003, 006, 014, 015, 016, 017, 018, 020, 037, 066, 071, 080, 083, 086,

120, 123, 124, 126, 128, 129, 133, 138, 153, 155, 172

核心素養的架構　001, 003, 006, 014, 015, 016, 017, 018, 020, 080, 083, 084, 086, 120, 123, 126, 148, 153, 154, 155, 172

核心素養的核心　040, 041

核心素養的特質　001, 003, 006, 014, 015, 016, 017, 018, 022, 024, 028, 030, 036, 038, 043, 046, 058, 071, 080, 083, 123, 152, 153, 154, 172

核心素養的培育　001, 003, 006, 014, 015, 016, 017, 018, 020, 026, 047, 083, 148, 153, 154, 155, 156, 157, 160, 161, 162, 172

核心素養的理據　172

核心素養的選擇　001, 003, 006, 014, 015, 016, 017, 019, 051, 052, 053, 058, 059, 083, 086, 087, 120, 123, 124, 128, 133, 139, 148, 153, 154, 155, 172

核心素養的選擇規準　062

核心素養架構體系　089

核心素養為指引的課程改革　153

核心能力　010, 012, 013, 014, 057,

061, 076, 077, 079, 160

核心價值　053, 120

核心課程　013, 161, 166

核心學科能力　013

特定素養　076

素養　003, 004, 007, 008, 011, 012, 021, 022, 023, 029, 035, 054, 055, 066, 073, 077, 086, 094, 130, 133, 135

素養：課程改革的DNA　005, 011, 022, 023, 025, 028, 031, 036, 039, 044

素養之本質　025

素養之理據　028, 036

素養的本質　039

素養的界定與選擇　001, 005, 003, 005, 007, 020, 021, 033, 055, 058, 067, 073, 084, 088, 089, 091, 119, 136, 141, 152, 158, 168

素養的界定與選擇」DeSeCo　088

素養的理據　022, 023, 031, 044

素養的模式　022, 031

翁秉仁　005, 004, 006, 012, 159

脈絡中進行行動　100

能力　004, 007, 010, 012, 021, 022, 024, 025, 026, 027, 028, 029,

030, 038, 046, 047, 053, 054, 055, 057, 061, 069, 073, 076, 078, 079, 134, 135, 155, 161, 162, 170, 174, 176, 177

能力」本位教育　054

能力本位教育　132

能互動地使用工具　033, 136, 175

能互動地使用工具溝通　020, 055, 067, 073, 083, 085, 088, 089, 090, 091, 093, 110, 111, 112, 113, 120, 129, 134, 137, 139, 152

能互動地使用知識與資訊　085, 113, 115, 116, 117

能互動地使用科技　085, 114, 117, 118, 119

能互動地使用語言、符號與文本　085, 113, 114, 115

能在宏觀開闊而圖像遠大的環境脈絡中進行行動　085, 098, 099, 100

能在異質性的社會群體中進行互動　129, 134, 137, 139

能在異質性的社群中進行互動　093

能在異質性社群中進行互動　067, 073, 136

能在異質社群中進行互動　020,

033, 055, 083, 085, 088, 089, 090, 091, 096, 104, 105, 106, 120, 152, 175

能自律自主地行動　020, 033, 055, 056, 083, 084, 088, 089, 090, 091, 093, 095, 096, 097, 098, 120, 129, 134, 137, 139, 152, 175

能自律自主的行動　067, 073, 090, 136

能使用工具溝通　056

能捍衛、維護與伸張自己的權利、利益、限制與需求　085, 098, 103

能教學之適文化國民核心素養研究　012, 072

能規劃並執行生活的計畫與個人的人生計畫　085, 098, 101, 102

能管理與解決衝突　085, 107, 109

能與人團隊合作　085, 107, 108, 109

能與他人互動　056

能與他人建立優質人際關係　085, 107, 108

能與異質性的社群進行互動　090

高涌泉　005, 004, 006, 012, 159

高階心智的複雜性　026

高階複雜　019, 025, 026, 027, 038,

041, 045, 046, 047, 051, 052, 053, 057, 071, 080, 083, 123, 152, 154, 172

十一畫

健全社會　158

參考架構　059, 086, 133

參與　105

國民中小學課程綱要系統圖像之研究　015

國民中小學課程綱要雛型擬議之前導研究　015

國民自然科學素養研究　012

國民核心素養　019, 021, 072, 138, 153, 178

國科會　005

國家科學委員會　003, 020, 021

國家教育統計中心　088

國際化　176

國際成人素養評量計畫　035

國際素養　011

國際理解與多元文化　061, 160

國際學生評量計畫　005, 005, 039, 088, 114, 115, 116, 158, 169, 173

基本人權　071

基本生活　009, 011, 090

基本的　051

基本的知能　011

基本知能　009, 010, 011

基本知識與能力　010

基本素養　008, 009, 012, 013, 051, 052, 056

基本能力　007, 008, 009, 010, 012, 013, 025, 057, 061, 076, 160, 165

基礎素養　052

專門行業素養　076

專門素養　032, 076, 078, 079

專門職業素養　032, 076

專業能力　077, 079

專業態度　077

專業職能　032, 076, 077

張一蕃　007, 010, 057

張茂桂　012, 054

張新仁　005, 006, 004, 006, 012, 021, 030, 039, 042, 044, 056, 058, 067, 068, 073, 096, 111, 134, 135, 136, 159, 166, 167, 174

張鈿富　086, 096, 105, 111, 120, 138

情意　005, 007, 024, 026, 029

情意的要素　053

情意層面　008

情境因素　074

情境模範　151

教育目標　163

教育目標之重要來源　135, 156

教育目標來源　086

教育目標的重要來源　020, 127, 133, 135

教育研究月刊　022, 051, 084, 153

教育科學期刊　123

教育通道　161

教育部　011, 152

教科書　175

教學綱要　175

梁福鎮　129, 133, 143, 144

現代公民素養培育　152

現代性　141

現代社會　054

第八次全國教育會議　152

統整性　148, 155

統整課程設計　176

終身學習　020, 030, 031, 043, 044, 045, 054, 065, 067, 070, 146, 151, 158, 164

終身學習者　004

終身學習核心素養：歐洲參考架構　035

規準　053, 062

規劃執行與創新應變　061, 160

許朝信　030

連貫性　148

郭建志　005, 004, 006, 012, 039, 072, 157, 159

陳竹亭　005, 004, 006, 012, 159

陳伯璋　003, 005, 006, 003, 004, 006, 011, 012, 021, 030, 039, 042, 044, 056, 058, 067, 068, 073, 096, 111, 134, 135, 136, 153, 159, 166, 167, 174

陳延興　006, 056, 061, 153, 160, 166

陳昌明　029

陳柏霖　077, 080

陳修元　005, 004, 006, 012, 039, 072, 157, 159

陳婉琪　012, 054

陳聖謨　006, 056, 061, 153, 160, 166

陳麗華　127

陸遊　004

十二畫

媒體素養　011, 056

彭小妍　005, 004, 006, 012, 021, 142, 159

彭森明　013, 030, 066, 133, 138, 164

曾玉村　006, 031, 056

曾淑賢　006, 031, 056

發展組織　135

程景琳　005, 004, 006, 012, 039, 072, 157, 159

評量考試的課程　172, 178

辜玉旻　006, 031, 056

開發寶藏：願景與策略2002-2007 070, 158

順序性　148, 155

馮朝霖　015, 041, 105

黃光雄　001, 148, 155, 178

黃秀霜　029

黃東益　005, 004, 006, 012, 142, 145, 159

黃政傑　148, 155

黃美筠　012, 054

黃茂在　173

黃崑巖　004

黃榮棋　005, 004, 006, 012, 159

傳統知能　009

傳統社會　053, 054

敬業態度　077

十三畫

新時代　054, 132, 133

新進步主義　134

新經濟　134

會與人相處　070

楷模參照　151

楊思偉　051

溝通互動　013, 061, 160

溝通素養　114

瑞士聯邦統計局　087

經濟生產力　142

經濟合作與發展組織　001, 003, 005, 003, 005, 007, 011, 012, 013, 020, 023, 033, 039, 045, 055, 058, 059, 066, 073, 084, 087, 088, 089, 091, 119, 123, 125, 134, 137, 138, 144, 147, 152, 156, 157, 158, 159, 160, 161, 163, 164, 168, 173, 174

經濟發展與合作組織　021

經濟學　024, 025, 036, 175

群科能力　013, 014

群核心能力　013, 014

董秀蘭　012, 054

資訊社會　006, 054, 111, 128, 132, 134, 139

資訊科技與媒體素養　061, 160

資訊素養　011, 056, 076

資訊與溝通　056

資源支持的課程　172, 178

跨文化素養　106

跨越各種社會場域　019, 026

跨越課程　161

道德價值　008

鄒慧英　029

十四畫

團結　105

團結與社會凝聚　142

實施教導的課程　172, 178

對使用者相當友善的　118

態度　004, 007, 010, 012, 021, 022,
　　024, 025, 026, 027, 028, 029,
　　030, 038, 042, 046, 047, 053,
　　055, 057, 061, 069, 076, 077,
　　078, 079, 134, 135, 155, 161,
　　162, 165, 167, 170, 174, 176, 177

漢書・李尋傳　004

臺灣變遷趨勢對K-12課程的影響
　　012

與人為善　085, 107

語文表達與符號運用　061, 160

語文素養　008, 011, 056

語言素養　114

認知　005, 007, 024, 026, 029, 053

認知覺察　004

趙鏡中　173

銜接性　148

需求取向　147

領域（學科）能力　013

十五畫

劉子鍵　006, 031, 040, 056

劉祁　004

劉盛忠　006

劉蔚之　013, 030, 066, 068, 133,
　　138, 164

德懷術　019

數位素養　055, 157

數學素養　005, 008, 011, 055, 157

歐洲聯　003

歐洲聯盟　001, 005, 003, 012, 123,
　　147, 156, 157, 159, 160

歐陽教　004, 005, 051

歐盟　003, 011, 013, 023, 045, 055,
　　058, 059, 125, 133, 134, 138,
　　157, 163, 164, 174

歐盟會　173

潘慧玲　005, 006, 004, 006, 012,
　　021, 030, 039, 042, 044, 056,

058, 067, 068, 073, 096, 111, 134, 135, 136, 159, 166, 167, 174

蔡清田　003, 005, 006, 003, 004, 006, 007, 012, 013, 014, 021, 022, 023, 026, 028, 030, 031, 036, 037, 039, 042, 044, 047, 055, 056, 057, 058, 059, 061, 062, 067, 068, 070, 072, 073, 075, 076, 079, 088, 089, 092, 093, 094, 096, 097, 098, 099, 103, 104, 109, 111, 112, 113, 118, 123, 125, 126, 131, 134, 135, 136, 140, 148, 151, 152, 153, 155, 159, 160, 163, 164, 165, 166, 167, 168, 169, 170, 171, 172, 173, 174, 176, 178

複雜思維　038, 041, 152

十五畫

課程　161, 163, 168

課程內容　155

課程目標　155, 170, 171

課程改革　003, 012, 134, 161, 163, 176, 177

課程改革中的核心素養之功能　123

課程改革中的核心素養之架構　084

課程改革中的核心素養之特質　022

課程改革中的核心素養之選擇　051

課程改革方案　005

課程政策　166, 168, 172

課程規劃　072, 161, 170, 173

課程設計　176

課程發展　011, 155, 172, 173

課程發展與設計　001, 005, 003, 005, 006, 016, 017, 018, 051, 083, 123, 133, 151, 152, 154, 163

課程發展與設計的關鍵DNA　003, 005, 006, 005, 011

課程實施　176

課程綱要　013, 014, 155, 161, 163, 176

課程學理　014

鄧宗怡　134

閱讀素養　005

十六畫

器物　091

學科知識　165

學習：內在的寶藏　070, 073, 158

學習如何學習　055, 157

學習評量綱要　176

學習領域　019, 026, 036, 045, 047,

174

學習獲得的課程　172, 178

學會自我實現　151

學會作事　038

學會改變　055, 070, 151, 158

學會求知　055, 070, 151, 158

學會做事　055, 070, 151, 158

學會發展　055, 070, 073, 158

學會與人相處　055, 151, 158

整體　029

整體特質　015, 026, 027

機會均等、公平正義與免於歧視
　143

盧美貴　006, 056, 061, 153, 160, 166

積極創新應變的企業家精神　056,
　157

賴春金　032, 077, 080

十七畫

優質　004, 005, 007, 010, 020

優質公民　147

優質生活　006, 008, 010, 011, 059,
　086, 088, 089, 090, 091, 126,
　127, 128, 129, 133, 140, 141, 151

優質社會　005, 006, 008, 010, 011,
　126, 128, 134, 139, 140

優質國民　005, 010, 147, 172

優質教育　005, 130

優質課程　005

優質學校　005

戴浩一　006, 031, 056

戴景賢　005, 004, 006, 012, 021,
　142, 159

聯合國　005

聯合國教育科學文化組織　001,
　003, 005, 003, 012, 013, 023,
　055, 058, 073, 123, 125, 138,
　147, 156, 157, 158, 159, 160, 174

聯合國教科文組織　003, 011, 045,
　164

聯合國教科文組織教育研究所　158

薛人華　006

謝清俊　007, 057

謝瀛春　007, 010, 057

十八畫

歸潛志　004

瞿海源　007, 010, 057

十九畫

羅曉南　007, 010, 057

藝術欣賞與生活美學　061, 160

識能　007

識讀能力　007

辭海　004

關鍵　136

關鍵DNA　001, 005, 003, 006, 016,
　017, 018, 051, 083, 123, 125,
　134, 139, 146, 151, 152, 154,
　163, 177

關鍵的　014, 019, 023, 051, 053,
　062, 063, 064, 065, 066, 074,
　075, 080, 083, 084, 086, 087,
　095, 104, 110, 120, 123, 124, 126,
　135, 139, 148, 154, 155, 175

關鍵的素養　014, 019, 023, 065,
　066, 075, 084

關鍵素養　019, 020, 052, 060, 061,
　075, 076, 080, 084, 090, 126,
　135, 156

關鍵能力　010, 012, 013, 054, 057,
　061, 076, 132, 160

二十畫以上

嚴長壽　087

懸缺課程　169

繼續性　148, 155

蘇永明　054

顧忠華　005, 004, 006, 012, 142,
　145, 159

變形金鋼　031

A

a higher order of mental complexity 019, 026

a line of flight 026

a successful life 124

a well-functioning society 124

ability 004, 053, 054

act 090

acting autonomously 020, 055, 083, 084, 090, 152

acting within the big picture or the larger context 085, 098

Adler 130

Adult Literacy and Life Skills Survey 簡稱ALL 115

affective domain 008

agency 029

articulation 148

attitude 004, 053

Audigier 003, 005, 007, 012

B

basic 051

basic competences in science and technology 055, 157

basic competencies 051

basic literacy 010

basic skills 008, 010

Beane 006, 086, 123, 155, 168, 172, 176

Berger & Luckmann 129

Bhaskar 126, 128, 129

Bobbitt 053, 054

Bourdieu 033, 073

C

Callieri 073

Canto-Sperber & Dupuy 006, 022, 024, 035, 036, 038, 043, 045, 047, 054, 059, 066, 069, 076, 086, 087, 090, 094, 101, 106, 116, 126, 127, 128, 129, 130, 131, 132, 134, 137, 139, 140, 144, 146, 151, 162, 175

Canto-Sperber 089

CC 003, 005

Chi 065

civic competence 056, 157

Cogan & Derricott 059, 089, 095, 103, 111

cognizance 004

coherence 148

Commission of the European Commu-
nities　133, 138, 161

common abilities　008

common competencies　013, 052

common importance　053, 071

communication competence　114

communication in a foreign language
055, 157

communication in the mother tongue
055, 157

competence　003, 004, 008, 021, 085

competence-based curriculum　006

competencies　085

competency　085, 086

complete　051

complex thought　038, 041, 152

complexity　025, 038

conceptual blueprint of the system of
action　100

continuity　148

conventional literacy　009

cooperating　085, 107

core　019, 051

core competencies　003, 005, 019,
051, 055, 060, 065, 086

Core Competencies　007

core competencies or key competen-
cies　012

core curriculum　161

core skills　010

core value　053

criteria　053, 062

critical　051, 065

critical competencies　014, 052, 060,
065

cross-curricular　161

cultural expression　056, 157

curricular guidelines　161

D

defending and asserting one's rights,
interests, limits, and needs　085,
099

Definition and Selection of Competen-
cies: Theoretical and Conceptual
Foundations　005

Definition and Selection of Competen-
cies: Theoretical and Conceptual
Foundations，簡稱DeSeCo
003, 021, 055, 084, 141, 152

Definition and Selection of Competen-
cies: Theoretical and Conceptual

Foundations簡稱DeSeCo 158, 168

Delamare-Le Deist & Winterton 054, 065, 066, 086

Deleuze 025, 028, 054, 133

Delors & Draxler 144

Delors 038, 151, 158

Delors et al 159

democratic processes 142

DeSeCo 005

DEST 132

Diethelm & Dorge 054

Diethelm 055

Diethelm, & Dorge 057, 075, 076

digital competence 055, 157

DNA 025, 027, 030, 036, 038, 043, 128, 147, 152

Dorge 054, 055

Drake 063, 162

Dupuy 089

Durkheim 129

E

EC 135

ecological sustainability 143

economic productivity 142

educational pathways 161

Egan 160, 163

Egan, 168

Eisner 022

Elkin & Scoltan 073, 103, 130, 151

entrepreneurship 056, 157

equity, equality, and the absence of discrimination 143

EU 005, 045, 147, 156, 157, 160

European Commission 006, 028, 056, 133, 138, 157, 161, 162

European Union, EU 003, 055, 157

Eurydice 035, 133

Eurydice European Unit 169

F

fair trade 100

forming and conducting life plans and personal projects 085, 098

foundational 051

functional literacy 009

G

general knowledge 008

generic competencies 052

Giddens 029, 031

Gilomen　126, 135, 139, 140, 144

Glatthorn　168

good life　006, 059, 086, 089, 126, 127, 128, 151

good quality　005

good society　006, 126

Goody　072

Green　170

H

Halasz & Michel　003, 006, 123, 125, 156

Haste　040, 042, 074, 089, 096, 097, 101, 108, 111, 113, 119

higher order of complexity　019

Hoffmann　086

holistic character　015, 026

human rights and peace　143

Humanitas　130

Hutmacher　164

I

important　014, 051, 052

important competencies　014, 052, 060

industrial society　054

Information and Communication　056

information society　006, 111, 126

informational society　054

Inglis & Aers　003, 007, 057, 156

instrument　091

integration　148

interacting in socially heterogeneous groups　020, 055, 083, 085, 152

interactively　113

intercultural competencies　106

Interpersonal and Self-Directional Skills　056

interpersonal, intercultural and social competences　056, 157

J

Jack Goody　044

Jacobs　003, 006, 012, 086, 123, 172, 176

Jager & Tittle　003

Javidan　003, 005

job analyses　144

John Rawls　145

K

K-12一貫課程綱要各教育階段核心

素養與各領域課程統整之研究 003

K-12中小學課程綱要之核心素養與各領域之連貫體系研究 003, 006

K-12年級一貫課程綱要 001, 006, 012, 147, 153, 155, 163, 164, 166, 167, 168, 171, 172, 175, 176, 177

K-12年級一貫課程體系指引 001, 006, 012, 153, 155, 163, 164, 166, 167, 168, 171, 172, 175, 176, 177

K-12年級一貫體系指引 147

KC 003, 005

Kegan 036, 041, 042, 043, 046, 096

Kennedy 134

key 014, 051

Key Competences for Lifelong Learning: A European Reference Framework 035

key competencies 003, 005, 014, 021, 052, 055, 065, 159

key skills 010

Kim 065

Kim, Youn, Shin, Park, Kyoung, Shin,

Chi, Seo & Hong 134

knowledge 004, 053

Kyoung 065

L

Lave & Wenger 073

learing areas 019

learning areas 026

learning to be 055, 070

Learning to be 070

learning to change 055, 151

learning to do 055, 070, 151

learning to know 055, 070, 151

learning to learn 055, 157

learning to live together 055, 070, 151

Learning: the treasure within 070

Levy & Murnane 037, 107, 124

literacy 003, 007, 008, 054

Li-teracy 009

long period education 019

long term cultivation 025, 026, 043

Lunde 069

Lynch & Hanson 026, 043, 054, 151, 155, 177

Lyotard 038

M

managing and resolving conflict 085, 107

Mansfield 066, 131

Mashayekh & Bazargan 056, 157

mathematical competences 055, 157

McClelland 074

MCEETYA 132

McHenry 069

McLagan 053, 057, 062, 067, 070, 072, 075, 084, 085, 097, 101, 102, 107, 112, 114, 118, 119

metacognitive skills 042

metacompetencies 040

modern society 054

modernity 141

moral values 008

multi fields 019

multidimensional 019

multi-dimensionality 025, 028

multi-fields 025, 030

multifunctional 019

multi-functionality 025, 036

multiplicities 025

Murray 046

N

necessary 014, 051, 052

necessary competencies 014, 052, 060

new economics 134

new era 132

new progressivism 134

Noddings 144

O

Oates 059, 074, 134, 161, 163

OECD 005, 006, 007, 010, 021, 029, 033, 035, 039, 042, 045, 051, 053, 055, 058, 059, 062, 063, 066, 071, 072, 074, 076, 078, 080, 084, 085, 086, 087, 088, 089, 090, 091, 093, 094, 095, 097, 101, 102, 105, 106, 109, 110, 111, 115, 116, 129, 134, 135, 136, 138, 139, 147, 151, 152, 156, 157, 158, 160, 161, 169, 173

Organisation for Economic Co-operation and Development，簡稱 OECD 084

Organization for Economic Co-operation and Development, OECD

003

P

Paideia　130

Park　065

participation　105

Perrenoud　031, 032, 035, 041, 043, 074, 089, 098, 100, 101, 104, 105, 109, 116

Pierre Bourdieu　032

Piirto　003, 012

Pinar　006, 055, 086, 123, 133

PISA　115, 116, 173

Plessius & Ravesteyn　132

pluralistic societies　105

Popkewitz　055, 133

post-modern　132

post-modern society　054

Prawat　168

Principal Agent Theory　037, 124

Programme for International Student Assessment，簡稱PISA　114

Programme for the International Assessment of Adult Competencies, PIAAC　035

Programme on International Student

Assessment, PISA　005, 005, 039, 158, 169

Q

Quane　032, 035, 038, 043, 076, 158

R

referring to examples　151

reflective practitioner　029, 040

reflectivity　040

relating well to others　085, 107

responsibility　004

Reynolds & Turcsanyi-Szabo　054

Ridgeway　074, 089, 106

Rothwell & Graber　006, 019, 028, 054, 157, 161

Roy　026, 054, 133

Rychen & Salganik　003, 005, 006, 007, 013, 021, 023, 024, 028, 032, 033, 034, 036, 045, 046, 051, 052, 053, 054, 055, 057, 059, 062, 067, 068, 070, 072, 073, 074, 075, 080, 084, 086, 088, 089, 092, 094, 097, 099, 100, 101, 102, 104, 107, 110, 111, 112, 114, 117, 118, 119, 120, 126,

127, 128, 129, 130, 132, 134, 135, 136, 139, 140, 141, 142, 144, 146, 147, 151, 152, 157, 158, 161, 162, 169, 174

Rychen & Salganik, 2003　058

Rychen　023, 033, 038, 040, 041, 059, 062, 071, 088, 089, 092, 095, 099, 103, 106, 113, 116, 134, 163

Rysst and Harstad　069

S

Salganik & Stephens　059, 134, 144, 161, 163

Salganik　062, 130, 134, 139, 144

Sanghi　078

Sangji　076

SCADPlus　056, 071, 157

Schleicher　089, 111

Schmidt　168

Schon　029, 040, 041

Sen　074

Seo & Hong　065

sequence　148

Shin　065

situational modelling　151

skill　054

social competencies　106

social fields　032

social skills　106

socialization　044

solidarity　105

solidarity and social cohesion　142

special competence　076

specific competence　076

Spencer & Spencer　131

Stahl & Wild　043

Statistics Canada　088

Stein　069, 100, 110

Stein, McHenry, Lunde, Rysst & Harstad　029, 054, 132

Stoof, Martens, van Mrrienboer, & Bastiaens　031, 059, 073, 086, 127, 130

subject-oriented approach　161

successful life　158

Swiss Federal Statistical Office　087

T

the competent human　040

The European Association for University Lifelong Learning　056, 058,

138, 157

the heart of key competencies　040, 041

The National Center for Education Statistics簡稱NCES　088

The Paideia Program　129

The Partnership for 21st Century Skills　111

the Program for International Student Assessment（PISA）　088

the transformational model of social action　031

Thinking and Problem-Solving　056

Tiana　032, 046

tool　091, 112

traditional society　053

transversal across social fields　019, 026

Trier　089, 102, 108, 111, 115, 116, 118, 134, 145, 161, 163

Trilling & Fadel　003, 005, 010, 012, 125

Tsolidis　006, 086, 123

U

U.S. Department of Education　088

UNESCO　005, 006, 045, 071, 135, 147, 156, 157, 160

UNESCO Institute for Education　038, 151, 158

UNESCO Institute for Lifelong Learning　058, 138, 157, 159

UNESCO, Institute for Education　070, 158

united in diversity　092, 138

United Nations Conference on Environment and Development　143

United Nations Educational, Scientific and Cultural Organization, UNESCO　003

United Nations Organization　143

Universal Declaration of Human Rights　143

user friendly　118

using knowledge and information interactively　085, 114

using language, symbols, and text interactively　085, 113

using technology interactively　085, 114

using tools interactively　020, 055, 083, 085, 152

V

Van Reken & Rushmore　037

W

Wang　004, 151

Weinert　003, 022, 024, 029, 030,
　039, 040, 043, 044, 046, 047,
　069, 076, 108, 130, 131, 157,
　162, 170, 177

well rounded　051

well-functioning society　158

White　030, 091, 112, 113, 119, 134

Winterton, Delamare-Le Deist &
　Stringfellow　086

Wolf　074

World Conference on Education for All
　136

Y

Youn　065

Young　006, 086, 123

國家圖書館出版品預行編目資料

課程發展與設計的關鍵DNA：核心素養／蔡
清田著. --初版.-- 臺北市：五南, 2012.09
　　面；　公分
ISBN 978-957-11-6792-3（平裝）
1.課程規劃設計　2.核心課程
521.74　　　　　　　　101015458

1IWU

課程發展與設計的關鍵DNA：
核心素養

作　　者 — 蔡清田（372.1）

發 行 人 — 楊榮川

總 經 理 — 楊士清

總 編 輯 — 楊秀麗

副總編輯 — 黃文瓊

責任編輯 — 李敏華

封面設計 — 陳卿瑋

出 版 者 — 五南圖書出版股份有限公司

地　　址：106台北市大安區和平東路二段339號4樓

電　　話：(02)2705-5066　傳　　真：(02)2706-6100

網　　址：http://www.wunan.com.tw

電子郵件：wunan@wunan.com.tw

劃撥帳號：01068953

戶　　名：五南圖書出版股份有限公司

法律顧問　林勝安律師事務所　林勝安律師

出版日期　2012年 9 月初版一刷
　　　　　2019年 7 月初版六刷

定　　價　新臺幣380元

經典永恆・名著常在

五十週年的獻禮 —— 經典名著文庫

五南，五十年了，半個世紀，人生旅程的一大半，走過來了。

思索著，邁向百年的未來歷程，能為知識界、文化學術界作些什麼？

在速食文化的生態下，有什麼值得讓人雋永品味的？

歷代經典・當今名著，經過時間的洗禮，千錘百鍊，流傳至今，光芒耀人；

不僅使我們能領悟前人的智慧，同時也增深加廣我們思考的深度與視野。

我們決心投入巨資，有計畫的系統梳選，成立「經典名著文庫」，

希望收入古今中外思想性的、充滿睿智與獨見的經典、名著。

這是一項理想性的、永續性的巨大出版工程。

不在意讀者的眾寡，只考慮它的學術價值，力求完整展現先哲思想的軌跡；

為知識界開啟一片智慧之窗，營造一座百花綻放的世界文明公園，

任君遨遊、取菁吸蜜、嘉惠學子！